山口県日本海沿岸の棚田。海と居住地と水田が一体となる日本の原風景
（写真提供：フォト・オリジナル）
→第一回　日本文化の基礎——日本人の「曖昧さ」の根にあるもの

霞がかった新潟県の棚田の風景（写真提供：フォト・オリジナル）
→第一回　日本文化の基礎――日本人の「曖昧さ」の根にあるもの

日本の美の象徴・いけばな

―第三回 「美の大国日本」はいかにして生まれたか

①

③

②

①投げ入れ（投げ花）

室町時代末期から戦国時代にかけて広まった形式。自然のままの風姿を保つように花を生ける

（作：工藤和彦　写真：松尾幹生）

②茶花《ちゃばな》

安土桃山時代、茶の湯の大成から生まれる。季節感を重視しながら茶室を飾る花を「投げ入れ」の方法で生ける形式

（作：小堀宗実）

④

③生花《せいか》

江戸時代中期にはじまる。基本的に「天地人」という三つの役枝《やくえだ》（花型で主要な役割をする枝のこと）で構成され、全体の形が二等辺三角形をしている（作：望月義琮　写真：小久江康光）

④盛花《もりばな》

明治時代に小原雲心《おはらうんしん》によって創案される。水盤《すいばん》や平かごなどの丈が低く口の広い花器に盛るようにして生ける（作：工藤和彦　写真：松尾幹生）

⑤韓国のいけばな

日本の古典的な様式花より、西欧的なフラワー・アレンジメントに近い

（写真：著者）

⑤

歪《ゆが》みの美・やきもの

↓第四回　日本人はなぜ微妙な歪みを愛するのか

信楽焼。微妙な歪みが見られる
（作：星野亨斉　写真：大須賀 博）

▶韓国産のコーヒーカップ。
▲桜島の灰でできた鹿児島県産のコーヒーカップ。両国の美意識の違いが窺える（写真：著者）

小さな宇宙・日本庭園

↓第十回　なぜ日本庭園にいると想像が膨らむのか

▼平等院《びょうどういん》庭園——浄土式庭園の代表例

▲平城宮《へいじょうきゅう》東院庭園――日本庭園のルーツ（写真：岡田正人、以下同）

▲西芳寺《さいほうじ》の枯山水《かれさんすい》庭園——深山幽谷の大自然を再現
▼大徳寺《だいとくじ》大仙院《だいせんいん》の枯山水庭園——小さな敷地で海を表現

日本の曖昧《あいまい》力

融合する文化が世界を動かす

呉 善花
O Son Fa

PHP新書

はじめに

本書は、拓殖大学国際学部での私の講義「日本の歴史と文化」を圧縮して雑誌『歴史街道』（PHP研究所）に連載した文章に、大幅な加筆・修正をほどこし、さらに書き下ろしで一章追加したものです。

大学から「日本の歴史と文化」という新しい講座を開くので担当してほしいと言われた時、果たして学生が集まるのか心配でした。ところが、いざふたを開けてみると、二〇〇名収容の教室に学生たちが溢れて、座れない人たちが大勢いるという状態でした。そこで急遽《きゆうきよ》、三〇〇名収容の教室に移動して講義がはじまったのでした。翌年は、クラスを二つに分けたところ、両方ともいっぱいになり、五〇〇人近い学生が履修してくれました。なぜ、韓国出身の私の日本文化の講義に、これだけの学生が集まるのか、当初はよくわかりませんでした。

私は講義の狙いを、学生たちが日本の文化とその歴史を「世界的な視野と観点からわしづかみできるようにすること」と定めました。国際学部の学生ですから、外国人に対して自分たちの文化をどのように説明し、認識してもらえるかということがとくに重要となってきます。そこでは、日本人の間で通用している感覚や観点をそのまま持ってくるのでは限界があります。それは私自身、痛切に感じさせられてきたことです。

そういうわけで、国際学部の講義では私の「つかみ取り方」を大いに生かせると思いました。私の体験では、日本文化を世界的な視野に立って大枠でつかみ取って見せてくれる日本人はいたって少ないと思えます。

私の講義は、学生たちがこれまで受けてきた授業内容とは、およそ異なるものだったはずです。そのため、どのように理解されているか心配でしたが、講義のたびに学生に書かせる感想文を読めば読むほど、私の講義の狙いがそのまま学生の求めているものでもあったことを強く実感させられました。

たとえば、「なぜ、高校までの間にこんな見方を教えてくれなかったのか」と書く学生がたくさんいました。また、「高校までは日本の悪いところばかり教わってきたようで、日本人であることに恥を感じてもいたが、講義を通して日本人としてとても誇らしく感じるようになった」というのもありました。「今日、家に帰ったら両親や祖父母に感謝の言葉を述べたい」と書く学生もいました。

学生たちの意識転換のポイントとなったのは、私の講義で一貫してなされる、日本人の精神性や日本文化の基調ともなっている曖昧《あいまい》さに対する積極的な評価でした。

外国人にはもちろんのこと、日本人自身にも、日本人の民族性を「曖昧さ」にあるとして批判する人たちがたくさんいます。そこで、日本人は曖昧だから、責任をはっきりさせないのだとか、いい加減なのだとか、自己主張がないのだとか、それらがまるで日本人の欠点であるかのように感じさせられてきた学生が、あまりにも多いことに驚きました。

しかし私は講義の中で、日本的な曖昧さは今の世界が陥っている限界を切り開き、世界を動かしていく「曖昧力」として捉えることができることを、しきりに説いているのです。大多数の学生たちが、そこに強く共感してくれていることを知りました。

たしかに、物事をはっきり言わず、曖昧な表現をすることが日本人には多いようです。たとえば、食事に誘って「何を食べますか?」と聞くと「なんでもいいです」と答える、商談の場で「この条件でどうですか?」と問えば「考えさせて下さい」と答える、など。

これが日本人同士であれば、直接言葉や態度に出ていない相手の心の内を察し、それぞれの時・場所・状況に照らしてみた理解をしていると思います。そのような、曖昧さを察し合うというコミュニケーション文化が日本にあります。

この日本人に特有な曖昧さは、人と人との親和で平穏な関係を生み出していくには、他の国の人たちにはあまりみられない大きな利点ではないかと思うのです。これからの調和と融合をめざす国際社会では、この「曖昧力」の働きが大きな役割を果たすようになるでしょう。

さらに、曖昧力は環境への適応性も生み出します。私は、日本的な自己とは、西洋的なアイデンティティという自己決定的な自己ではなく、変化する環境で生き抜くのに最も相応しい姿を目指すものだと考えています。今後ますますグローバル化が浸透してゆく国際社会において、曖昧な日本人の環境への適応力は非常に大切なのではないでしょうか。

こうした曖昧さは品格の問題ともつながっています。

日本では得意げの自慢、「いかにもそうだ」とばかりの見せ方、そのものズバリの表現などは、はしたないと嫌われます。それに対して、なにげない素振り、それとない装い、遠回しの言い方などが、品格ある好ましいものと感じられていると思います。

曖昧さはさらに、美意識や美学にも通じています。

室町時代中期の茶人で「わび茶」の創始者ともいわれる村田珠光《じゅこう》は、「月も雲間のなきは嫌にて候」(『禅鳳雑談』)といったと伝えられます。満月の煌々《こうこう》と輝く月よりも、雲がかって見え隠れしている月のほうが好きだということです。こうした美意識はまず日本人にしかみられないものです。

「わび・さび」という、目立った飾りを排して清楚で簡素な古びた趣を愛する美意識。幽玄という、隠され秘された姿・形のイメージから深い感動を覚える美意識。派手派手しい柄ものを嫌い、遠目では一見無地とも見える、細かい紋様《もんよう》を一面に染め出した小紋を好む「いき」の美意識。黒を薄めた色の濃淡によって微妙な表現を持つ水墨画……。

いずれからも、多義的でゆらぎをもつ曖昧さの美学の所在を、そして対立とは正反対の融和する文化の姿を感じ取ることができます。

日本では目に鮮やかな原色よりも、しっとりと沈んだ中間色が好まれます。しかも、「四十八茶百鼠《しじゅうはっちゃひゃくねずみ》」という言葉もあるように、茶色には約八〇種類、鼠色には約七〇種類の色があるそうです。他の中間色についても同様に、微細なゆらぎを湛《たた》えた色の曖昧な世界が豊かに広がっています。

姿・形では、完全な均衡や左右対称を嫌い、わずかに壊して動きある状態を好みます。また、正形・正統性に対して軽妙な崩しをしようとします。空間を飾りで埋め尽くさずに、空白・余白を残そうとします。規則的ではない、不定で流動的な動き、遊びやゆとりのある動きを好む曖昧さの美学がここにもあります。

自然科学や情報科学の面でも、曖昧さ、ゆらぎ、ファジイ、多義性などの探究は先端的なテーマとなっています。日本文化はその曖昧さゆえに調和・融和への力が働き続けます。日本文化は対立に飽きた世界を根本から変え得るパワー、「曖昧力」を豊かに湛えた文化といえましょう。

最後に、大学の講義をまとめて下さった、月刊『歴史街道』の永田貴之さん、新書の担当を務めて下さった西村健さんに、この場を借りて感謝の意を表したいと思います。

著者

日本の曖昧《あいまい》力

目次

第一回　日本文化の基礎

——日本人の「曖昧さ」の根にあるもの

来日外国人がたどる日本理解の共通プロセス

この講義には日本人学生以外に十数人の留学生が出席してくれています。外国人、とくにアジア人が日本及び日本人を理解していく際に、一般的に共通するプロセスがあります。その概要をお話ししてみます。

まず来日一年目ですけれども、多くの人たちが日本及び日本人に対して、共通してとてもよい印象を持ちます。韓国人の場合は、それがとくに顕著だといってよいでしょう。韓国の戦後世代はずっと反日教育を受けてきていますので、多かれ少なかれ「日本人はそもそもが野蛮な人たちだ」といったイメージを持っています。中国人や中華文明圏の人々についても同じようにいえることでしょう。ところが日本に来てみて、実際に日本人と付き合ってみますと、これが正反対のイメージへと急速に変貌していくわけです。日本人はなんて親切なのか、礼儀正しいのか、優しくて思いやりがあるではないか、野蛮な人なんてどこにもいないではないかと、誰もが感じることになるんですね。

また、日本の町並みの清潔さに感嘆し、治安のよさに感動します。最近は日本も治安が悪くなったといわれますが、全般的な治安は依然としてよく保たれていて、日本が世界で最も安全な国であることに変わりはありません（一一六〜一一七ページ表1参照）。

こうして日本に来た外国人は、大部分が当初抱いていたイメージと実際のギャップに驚きつつ、一年目は好感度を高めながら過ごしていきます。しかし一年が過ぎた頃から壁にぶつかります。一年目は表面的な付き合いでよかったのですが、二年目、三年目に入っていって、一歩踏み込んだ付き合いをしようとした時に、多くの外国人が「日本人というのはどうもよくわからない」という印象を深めていくんですね。

日本人はとても優しくて親切なのだけれども、一方ではよそよそしくて、どこか距離を置いていて冷たく感じられる。だから内面では何を考えているのかよくわからない。そういう感じがだんだん強くなっていきます。そうして、日本人の感覚、感性、美意識、価値観などが、さらには日本の社会的な習慣や文化のあり方が、どうにも理解しがたくなってきます。韓国人などになると、「やはり日本人は野蛮人だったのか」ということにもなってしまうのです。

この二年目、三年目に、自分もそうでしたが、日本及び日本人が理解できずに本当に落ち込む人が多いのです。さらに日本に居てそこを何とか乗り越えられればいいのでしょうけれども、多くは二、三年で日本がわからぬままに母国に帰ってしまうケースが多いのです。

しかし、さらに日本生活を続け五年くらい居座っていますと、今度は最初とは違った面での日本のよさが見えてくるのです。一年目はなんとなくよいなと、二年目、三年目はどうにもわからないなとなって誤解が多くなり、五年目くらいから言葉ではちょっといえないような奥行きというか、深さや幅広さが感じられるようになっていきます。私の体験からいっても、それだけ時間がかかるんですね。

そうなってくると、どうも日本社会こそ人間らしく生きている社会ではないかという感じがしてくるんですね。韓国人には、口では反日感情をいう人が多いかもしれませんけれども、五年以上いる人はだいたいがかなりの日本好きになっていくんです。私などはそこから俄然《がぜん》興味が湧《わ》いてきて、そもそも日本とは何かと文化へ分け入って行って、もはや這い上がれないほど深みにはまってしまっています。

日本人の距離感を表わす「察する」という文化

多くの外国人が、来日二年目、三年目にもっと踏み込んだ付き合いをしていこうとして必ずぶつかるのが、いわゆる「日本人の曖昧さ」というものです。どうも考えがはっきりしない、好きなのか嫌いなのか、肯定しているのか否定しているのかよくわからないという、そうした曖昧さなんですね。

あなたは、「日本人は曖昧だなあ」ということを感じますか？

〔中国人留学生Ａ――ちょっと、思います。少しですけれど……〕

あなたは今、留学一年目ですね。私の体験でいうと、一年目は物珍しくて、けっこう日本ていいなと感じられる時期です。二、三年目は少し日本に深く入ることになり、日本人の考えはよくわからないと反発ばかり強くなりがちな時期です。それで私は、そこで帰らずに、「五年は日本にいてみて下さい」と言うんです。そうすれば、たいていの人に本当の日本のよさが見えてきます。

外国人がとても戸惑うのが、日本人独特の距離感のあり方です。初対面の人にすぐに馴《な》れ馴れしい態度を示すと、日本では品がないと敬遠されることが多いものです。少し距離をとって、その「距離感」を大切にしながらだんだんと親しくなっていく、そのプロセスを大事にするのが日本人です。そういう独得な距離感があるのですね。ところが、およそ外国人では、韓国人ではとくに、できるだけ早くお互いの距離を縮めていこうとする傾向があります。そこのところで、多くの留学生が日本人との円滑な人間関係を築くことに躓《つまず》いてしまうのです。

実は当の私も、外国人特有の「二、三年目問題」で悩んだ一人です。例を挙げますと、韓国人はたとえ初対面でも「気が合うな」と思えば、すぐ肩を組んだり、女性ですと腕を組んだり、手をつないだりして歩きたがります。また、初対面でも親しくしたいと願う相手には、自分の悩みを簡単に打ち明けてしまう傾向があります。すると相手のほうも、「あなたの悩みはたいしたことないのよ。私も彼氏に裏切られて……」などと打ち明けてくれる。いわば、「心の中を見せ合う」ことによって、互いの距離を縮めていく仕組みになっているのですね。これが韓国人の人間関係における典型的なあり方なのです。

そこで日本人ともっと仲良くなりたいと願った当時の私は、クラスで知り合った友人とトイレに行く時も、キャンパスを歩く時も腕を組んで歩こうとするのだけれど、いつもスーッと逃げられてしまいました。それで、「日本人はなんて冷たい人たちなんだ……」「私が韓国人だからって嫌がられているんだ……」と受け取って、ずいぶん悩み、辛い思いをした経験があります。

また、相手と親しくなろうという気持ちから、日本人の友人相手に悩みを話そうとすると、まだ話の途中であるにもかかわらず、「わかりました」と遮《さえぎ》られることが多く、韓国人の私は「全部聞きもしないで、何がわかったの?」と悲しいやら、情けないやらという気持ちになったことがありました。

日本人は、一方的に距離をつめていくような馴れ馴れしい接触の仕方を感覚的に嫌います。そうではなく、双方から徐々に距離をつめ合い、抵抗感をなくしていって、しだいに慣れ親しんで打ち解けた関係へと移行していく、それが自然だという感覚が日本人一般のものなんですね。多くのアジア人には疑問かもしれませんが、これは日本人的な人間関係の流儀だと思って受け入れればうまくいくんです。

日本人は友人関係を熱くというよりは温かく、激しくというよりは静かに、末長く交換し続けていこうとします。そうやって、柔らかで持続する関係を求めていきます。お互いにあまり重い負担を感じ合うことがないようにして、いつも気楽な気分で付き合える関係を生み出そうとするのです。

たしかに、「熱く激しい友人関係」は、しばしば辛くなるところがあり、短命で終わりがちですね。それよりも「温かくゆるやかな友人関係」のほうが長続きすることが多い。

長い間持続させることによってより確かな信頼感が得られていくようになる。そこに日本人の人間関係における距離感の効果があるわけです。

日本に来る留学生の多くが、この距離感の壁を乗り越えられないまま、二年目、三年目で国に帰ってしまうのですね。そして、日本人はなんておかしな民族だと、やたら周りに吹聴《ふいちょう》してしまうのです。だからこそ、この講義では韓国や中国からの留学生、またほかの国からの留学生も、日本人の独特な距離感のあり方について、ぜひ理解してほしいと思うのです。こうした身近な自分の問題を見つめることが、外交問題をはじめとする異文化間のさまざまな問題に道を開くと考えます。

日本人の距離感のあり方を象徴するものとして、相手のことを「察する」という精神文化があります。そもそも、日本人は相手の心に負担をかけまいという思いが強くあり、気安く自分の悩みを他人に打ち明けることはしません。また、「それ以上は言わなくてもいいんですよ」と、できるだけ相手の悩みというか、心の内を察しようと努めます。言葉ではっきりと言わないで、言葉のコミュニケーションとしては曖昧なままで、しかし心の内を互いに察しようとする。私はこれを、外的コミュニケーションに対する内的コミュニケーションといっていますが、ここが日本人との人間関係で肝心なところです。

では、そもそもなぜ日本人が「察する」という文化を持つようになったのか、外国人から見れば曖昧だと思われてしまう日本人の国民性が生まれたその理由を、一緒に考えていきましょう。

恵まれた風土と地理的な条件

第一にいえることとは、「察する」という文化が生まれた背景には、日本の風土が大いに関係しているということです。

まず、日本の場所を世界地図の中で確かめてみましょう。緯度《いど》としては、寒すぎない地帯にあり、適当に雨が降り、湿気があって（＝温暖湿潤気候）、しかも春夏秋冬がはっきりしている地域は、世界広しといえどもそうそうありません。四季がはっきりしているということは、自然の動きに敏感になっていくことでもあります。そういう意味で、これがいかに恵まれた風土かということをしっかり認識してください。

世界の中で恵まれた風土にあるこれらの地域の中にも、地理的な条件にはそれぞれに特徴があります。まず中国大陸中央には、日本列島がすっぽり二つ入るぐらい、大きな平野があります。私は上海から北京まで飛行機で移動したことがありますが、平野ばかりで山がまったく見えませんでした。また、日本でいえば、東京から名古屋ぐらいの距離をバスで移動したこともあります。やはり山がまったくありませんでしたね。こうした広大な平野は農耕民族にとっては天の恵みであり、黄河流域では運河を利用して稲作を大規模に展開するために、強大な国家が生まれ、中華文明が発達しました。しかし同時に、この豊かな土地を狙って、歴史上北方から騎馬民族が何度も侵攻してきました。

一方、朝鮮半島はどうでしょうか。国土の大部分が山岳地帯であり、日本とよく似ています。しかし、朝鮮半島は中国と隣接しているために、良くも悪くもその巨大な文明の影響を圧倒的に受けてきました。このことは、現在の朝鮮半島で起こる諸問題について考える際も、極めて重大な示唆《しさ》を含んでいます。

さて、日本はどうなのでしょうか。いうまでもなく周囲を海に囲まれた島国です。地図で見れば朝鮮半島へは泳いで渡れそうなほど近く見えますが、この海峡は非常に波が荒いのが特徴です。福岡沖合の玄界灘《げんかいなだ》のただ中には、今でも女人禁制の沖ノ島という航海の無事を祈る神様の島があります。それほど古来、船が遭難しやすいところだったわけです。

朝鮮半島は古代以来、正史に記録されただけでも、二千年間で千回ほど、大陸側・海側からの外敵による侵略を体験しています。それに対して日本は、一度も侵略されていません。ただ一度、鎌倉時代に元（モンゴル）が攻めてきましたが、台風が来て敵方の船はほとんど沈んでしまいました。神様が風を吹かせて守って下さったということで神風といい、特攻隊の神風もここから来ているのです。したがって日本は、中華文明の影響をもちろん受けていますが、朝鮮半島のようにその文明に圧倒されるまでには至らず、独自の文化を育ててきたということがいえます。

「前農耕アジア的日本」の時代が特異性を生んだ

ここで、留学生に質問してみましょうか。「日本人の国民性は？」と聞かれたら、どう答えますか。

〔中国人留学生B――集団的ですね。仕事の時は、みんなで協力して一所懸命になります〕

では、なぜ日本人は集団的、協力的なのですか？

〔中国人留学生B――寂しいから？〕

寂しいからですか（笑）。本当に外国人から見ると、日本人のことはわかりにくいんですね。なぜ、日本人は岩や木を拝むようなことをするのか、とかね。日本人は子供が生まれたら、お宮参りに神社に行きますが、お葬式はお寺でしますね。では、結婚式は？

〔日本人学生――海外で〕

どこの海外？　ハワイかな（笑）。いずれにせよ、結婚式はほとんどお寺ではしません。教会で行なうことも多いですね。外国人からすれば節操がないようにも見えて、何が日本独自の文化なのかよく見えてこない。こんな正体のわからない国がどうして今のように経済大国になれたのか、不思議に思えてくる外国人も多いでしょう。

体系的に日本を理解するには、三つの指標があります。一つは、欧米化された日本。もう一つは、中国や韓国と似た農耕アジア的な日本。この二つの世界は、外国人でも理解することができます。しかし、日本にはもう一つの別の顔があるのです。それを私は、前農耕アジア的（自然採集・縄文時代以来の）日本と表現しています。弥生時代以降に、アジア的な農耕社会が形成される以前の時代、その歴史層に根を持つ日本、ということです。

現在の日本文化は、この三つの世界が溶け合う形で形成されているのですが、日本人の精神構造を理解する上で最も重要なのが、三つ目の前農耕アジア的日本なのです。朝鮮半島に比べ、中華文明の影響を受けることが少なかった日本は、縄文時代以来の自然採集を中心に展開された生活に基づいた精神性が、消え去ることなく残ってきました。最も深いところでの精神の層を形づくっているのです。これが、日本人の距離感のあり方や曖昧さを好む美意識の源泉ともなっているのです。

強大な専制権力を必要としなかった日本

日本列島は、国土の大半（七割）が山林地帯です。縄文時代までは山海林野での狩猟採集と、緩傾斜地《かんけいしゃち》を利用した焼畑農耕などを営んできましたが、海水面が後退して平野部が広がっていくとともに、二千数百年前に平地で水田稲作が始まります。その特徴は、山間《やまあい》の狭小な盆地や豪雪地帯にまで稲作を広め、ほぼ村人たちの独力で、つまり国家の力にあまり頼ることなく、灌漑《かんがい》設備や溜め池などの水利を整備していったことです。

そこが大陸部での展開とは大きく異なるところです。中国大陸では、広大な平野部に大規模な灌漑工事を強力に推し進めていく必要性から、無数の農耕共同体群をたばねて大量の労働力を結集させる力が統一国家に要請されました。そうした政治的な統治を可能にしていくために、政治的・軍事的・経済的に強大な専制権力を必要としたのです。

中国大陸ではそのように、広範囲にわたる地域に支配権を及ぼさなくてはならないため、強固でより普遍的な政治的・文化的な統治イデオロギーを必要としました。そのイデオロギーを、やがては儒教《じゅきょう》が担うことになっていくのです。こうして、しだいに前農耕アジア時代の精神性が失われていったのだといってよいでしょう。

一方、日本列島のような農耕適地の狭い地域では、大陸のようにことさらに強大な専制権力の必要がありませんでした。灌漑工事は各農耕共同体の独力で可能となる小規模なもので事足りましたし、島国ゆえに外敵侵入を心配する必要もあまりありませんでしたから、軍事力も比較的小規模なものでよかったのです。したがって、政治的にも経済的にも、支配する権力の物理的な規模は、とくに強大である必要はなかったのです。

そのため日本では、とりたてて強固な統治イデオロギーも必要とせず、古くから行なわれてきた各地域の祭祀《さいし》や神話の統括を中心として、国家的な祭政権威を固めていけばよかったといえました。前農耕アジア時代の精神性が消え去ることなくよく残っていったのも、そうした事情からのことでした。

それに対して朝鮮半島では、広大な農耕適地がないことを考えると、日本のようにとくに強大な専制権力を必要としないはずでした。しかしながら、朝鮮半島はその地勢から常に外敵の侵入に脅《おびや》かされる状況にあり、また文化的にも政治的にも圧倒的な中華帝国の影響を受け続けてきたため、中国をモデルとする強大な専制権力の構成を政治の基本とし、統治イデオロギーとしての儒教をも積極的に採り入れていったのです。そうして中国大陸と同じ事情から、前農耕アジア時代の精神性はしだいに失われていくことになりました。

そういうわけで、日本では主として村人自身が、国家の力にそれほど頼ることなく、栽培や水利の高度な技術を自らの手で開発していきました。日本人の世界に誇るべき高い技術力や開発志向は、まさしく日本の風土が生み出したものなのですね。

日本人の集団性を生んだ地形

大陸では高地、平野、沿海地方が、広大な地域にそれぞれ独立的に広がり、互いに連絡の遠い距離を隔《へだ》てて形づくられています。それに対して日本の国土では、高地、平野、沿海地方の距離はきわめて近く密接であり、まるで大陸の地形間の距離を一気に圧縮したかのような、地形の縮図ともいうべき景観が形成されています。

口絵一頁の写真を見てください。

山口県日本海沿岸の農村風景です。海・居住地・傾斜地の棚田・山林が一つの視野に入ります。こんな狭い空間の中に生活に必要な物が全てあるのがわかります。日本人は古くからこんな風に、狭い土地で肩を寄せ合って、海の幸《さち》、山の幸をみんなで分け合い、助け合って生きてきたのです。

このように、地形間の距離が著しく接近している日本の国土では、高地、平野、沿海地方が互いに入り交じった複合的な自然環境が生み出されています。したがって日本の国土のような地形・地勢では、長い間にわたって生業や民族の区別を保持することは基本的に不可能となります。ここに、大陸と日本の文化・文明の形成にかかわる自然的な基礎の、根本的な違いを見なくてはなりません。

広大な中国大陸では、極端な話をすれば、山岳地帯に住む人が海を見ずに、あるいは、海岸沿いに住む人が山を見ずに生涯を終えることが、古くは一般的なことでした。当然、山の民と海の民とでは、生活観から祀る神様までがまるで異なってきます。その異なりはやがて民族の異なりにまでなりますから、どうしても融合・複合よりは自立・対立が文化形成の軸となっていくことになります。

一方日本では、海と山と平地・水田が溶け合って風土がつくられ、山の神様も海の神様も農業の神様も、みな間近なところにありますから、それぞれの民の考え方が融合して文化がつくられていきました。外国人から見ると、非常に集団的、協力的に見える日本人の国民性は、まさにそうした風土から生まれてきたのです。

朝鮮半島の場合は、やはり中華文明の圧倒下に、平地の農耕文明が山の民や海の民の文化を周辺的なものとして中心から排除していく形で展開されてきましたので、日本のように海と山と平地の文化が複合していく流れは容易に生み出されませんでした。

霞がかって溶け合う風景

そこで、もう一枚別の写真を見てみましょう（口絵二頁）。雨がちで湿気が多い日本の風土で生まれた日本人は、こうした霞《かすみ》がかった風景が大好きなんですね。鮮やかな色よりも、霞んだ色のほうを日本人は好みます。また、どこまでが雲か、山か、海か、田んぼかわからない、全てが溶け合った景色にこそ、日本人は美を感じます。

これが韓国人ならば、雲をどけてくれ、青空にしてくれと思うはずです。朝鮮半島も南部は湿潤アジアに入りますが、日本ほど湿った風土ではありません。そのため日本のように、常に霞がかった風景があるわけではなく、自然風景はもっとくっきりと目に映ります。北部ではとくにそうです。韓国人は民族衣装を見ればわかるように、原色に近いくっきりとした色を好みます。日本人とは美意識のあり方が異なるのですね。

中国大陸は北部では砂漠的な乾燥アジアの要素が強く、南部では湿潤アジアそのものですが、北部の黄河文明が長らく中国文明の基調となってきました。

日本の地勢も気候もきわめて複合的・融合的であるということは、曖昧であるということに通じるかと思います。曖昧というと「物事がはっきりしない様子」と否定的に捉えられがちです。たしかにこれで困ることもあるのですね。でも、そこではAかBかということよりも、AとBの複合・融合に関心が向けられているのだ、曖昧となっている理由はそこにあるのだと肯定的に捉える観点が大切です。

日本の地勢や気候という風土は、対立を避けて調和していくことを重んじ、一から十まで言葉に出して説明せずとも、お互いに「察する」という日本に特有な文化の自然的な基礎になっているのです。これが今日、私のいいたいことです。

日本文化のセンスを知るには、農耕アジア文明以前の人間の精神性がどのように形づくられていたかを知らなくてはなりません。ですから日本についてはとくに、地勢や気候など、自然風土のあり方が、人間関係や美意識や価値観などにどのような影響を与えてきたかを考えていくことが大切になるのです。

人類の歴史と文化は、それぞれ自然的な基盤というものをもっています。そこから日本では具体的にどんな文化が生まれていき、どんな歴史を辿《たど》ってきたのか、次回から詳しく学んでいきましょう。次のテーマは「旅」です。

第二回　日本人はなぜ旅に出るのか

日本語の「旅＝たび」の語源

日本人自身はとくに気がつくことはないかもしれませんが、実は世界の中でも日本という国は最も「旅の文化」が発達した国なのです。ではなぜ、日本人は旅をするのか、あらためて日本人に聞いてみましょうか。

〔日本人学生――ぶらぶらと、いろいろ歩き回りたいから……〕

なるほど、ありがとう。そんなふうにして、行く先々でさまざまな人や風景と出会い、体験を重ねながら何かを感じていく――。そのプロセスこそが、日本人にとっての旅の醍《だい》醐《ご》味《み》なのですね。旅という言葉には、何かロマンチックな響きが感じられるのはそのためなのでしょう。

「旅」と似た表現に「旅行」という言葉がありますが、前者が大和《やまと》言葉であるのに対し、後者は中国語起源の漢字語（漢語）という違いがあります。「旅」が途中のプロセスを重んじるのに比べ、「旅行」は名勝を観光するなどはっきりした目的があって、そこへ赴《おもむ》くというニュアンスが多少強く感じられますね。

西欧語で旅を意味するジャーニーは「その日暮らし」を意味する言葉で、ジャーナルといえば「日々の記録」を意味します。トリップというと短期間の旅行になりますが、トラベルは「苦労する、仕事」などを意味するロマンス語（通俗ラテン語から生まれた諸言語）系のtravailから出ています。たしかに古い時代の旅は、先行きへの不安を抱えた辛くて苦しいものでした。

中国語で旅は「旅行」ですが、「旅」は「軍団など人々の集団」を意味し、「行」は「通り道、通ること」を意味します。古くは集団で移動したことから、「旅」がタビの意味をもつようになったといわれます。韓国語でも旅は中国語の「旅行」（ヨヘン）を使います。韓国固有語の旅という言葉もあったのでしょうが、今では不明となっています。旅人を意味するナグネという固有語がありますが、これは「あてどもなくさすらう人」といった意味の言葉ですから、ジャーニー的な意味に近いといってもいいかもしれません。

それでは、日本語の旅はどんな言葉かと国語辞典を調べてみると、「たどる日」「他日《たび》」「外辺《たび》」「外日《とび》」「飛《とび》」「発日《たつび》」など、たくさんの語源説が見られます。いずれも「そうではないか」という当て推量の範囲を超えるものではなく、国語学上の定説はないようです。

そこで民俗学のほうに目を向けると、旅は「タマワル（賜る）という言葉が変化したタブ（賜ぶ）」から出たものだろうとの柳田國男《やなぎたくにお》の考えでほぼ定まっているようです。タマワルは上から下へ「与えられる」ことを意味しますが、そこから「いただく」ことを意味するようにもなったといわれます。何をいただくのかというと、それは食べものなんですね。古い時代の旅では、行く先々で食べものの支給を受けながら歩いた点で、乞食・ものもらい・旅人はみな同じ「タブする人」であったというのが柳田國男の理解です（注）。私はこの考えをとても興味深く感じます。それは、私なりにイメージしている日本人像にぴったりくるからです。

どうして混雑の中、旅館に泊まるのか

さて、日本特有の「旅の文化」の中でも特徴的なのが、「旅館文化」です。これが外国人には理解できない。どうして、混雑の中、車や新幹線で何時間もかけて出かけ、旅館に一泊して帰ってくるのか。たとえば韓国の旅館は、純粋に休むためや寝るための宿泊施設であり、そこで料理やお風呂を楽しむという習慣はありません。

一方、日本人は旅に出て旅館に泊まれば、必ずその土地の料理をいただいて帰ります。

これはその地域の霊力をいただくという発想が根底にあるからです。タブ（賜ぶ）ことの真意はそこにあったのでしょうね。そして、温泉に浸かって「極楽、極楽……」という愉しみがある。この極楽とは、天国の意味ですね。

古来、日本人が旅に出る目的は、庶民では多くの場合お寺や神社に「お参り」することにありました。「この世」と「あの世」を行き来することで、心身がリフレッシュ（再生）される感覚を味わったのだといわれます。こうした「旅の文化」はいかにして形成されていったのか、その歴史の背景を探っていきましょう。

大多数の日本人は、土地に居着いて田畑を耕し定住生活をする農民でしたから、古代から中世にかけて、旅に出るのは芸能者や商人、職人など、村から村へと移動しながら生活する一部の人間に限られていました。

村人にとっても、異境の物品、情報、芸能、技術を恵みとしてもたらしてくれる彼らは珍しいお客さんとして貴重な存在であり、その土地で収穫した食物をお礼として渡していました。村人たちは、そうすれば異境の神から村に幸せがもたらされると信じていたため、遠くからの客人を大切にもてなし、元の国へお帰しするという習俗が発達したのです。これが客人接待といわれるものです。また、客人の方もその土地のものを食べることで、自分の生命が活性化されると信じていました。日本人の「旅の文化」の原型は、こうしてできあがっていったといってよいでしょう。

さらに近世に入って戦乱に明け暮れた戦国時代が終わり、平和な江戸時代がやってくると、日本の「旅の文化」はより洗練されたものになりました。

「東海道五十三次」の旅

徳川幕府が大名に反乱を企てさせないように、再び戦乱の世をもたらさないようにと考えて智恵を絞った結果、参勤交代の制度が定められます。諸大名に江戸と国元を一年交代で往復させ、妻子を江戸に住まわせることを義務づけたのです。そのためもあって、江戸と各地を結ぶ陸上交通路として五街道が整備され、街道には二、三里ごとに宿場が置かれました。宿泊施設を備えた宿場は、その地方ごとに特色のある宿場町へと発展を遂げていき、日本の「旅の文化」に大きな影響を与えることになりました。

たとえば、江戸（日本橋）と京都（三条大橋）を結ぶ東海道には、品川から大津まで五三の宿場が設けられました。江戸時代の東海道の道中を描いたものに、歌川広重の有名な

「東海道五十三次」がありますが、それをもとに当時の旅の様子がどんなものであったかを見てみましょう（五〇～五二頁）。

まず、東海道の起点は日本橋です。広重の絵には、参勤交代の大名行列がまさにその日本橋を渡るところが描かれています。また、鮮魚の天秤棒を背にした魚河岸《うおがし》の商人は、消費地としての江戸の興隆を表わしています。

日本橋から二里ほど行くと、次は品川です。絵は御殿山《ごてんやま》の崖下を通る大名行列の最後を描いたものと思われます。御殿山は今では大使館や高級マンションが並んでいますが、当時の絵では街道沿いには何件ものお茶屋さんが並んでいますね。このように、「ちょっと寄って、休んでいこうか」という旅人目当てのサービス産業が、宿場にはさまざまな形で生まれていきました。

さらにずっと過ぎて、天下の嶮《けん》である箱根に辿りつきました。箱根は旅の難所の一つですが、ここから見える富士山は本当に綺麗《きれい》で、現代と同じように昔の旅人も、その疲れを癒したことでしょう。

次に、日本橋から数えて三五番目の宿場である御油《ごゆ》（現在の愛知県豊川市御油町）には、最盛期で百軒以上の旅籠《はたご》がありました。旅籠とは旅人に食事を提供する宿屋のことで、今

日本橋　東海道の起点

品川　中世以来の品川湊の近くに設置

箱根　東海道五十三次の中でも、最も高い山越えの難所であった

御油　宿場町として大いに栄えた

赤坂　御油とともに、宿場町として活気があった

岡崎　木曾山中より流れる矢矧川に、東海道一長い橋が架かっていた

大津　東海道五十三次の最後の宿場町
（以上、資料協力：三菱東京UFJ銀行貨幣資料館）

の旅館の原型ともいえます。旅籠には飯盛女《めしもりおんな》（遊女）を置いているところもありました。強引な女性に男性が客引きされている様子がおかしいですね。「綺麗な子がいますよ」なんて、誘いの言葉をかけられているのかもしれません（笑）。

御油の隣の宿場が赤坂です。広重の絵にはまさに日本の旅館文化の起源を表わすような、膳を持った仲居さんや湯上り客が描かれています。

次は、岡崎城のある岡崎です。この絵にも見える矢矧《やはぎ》（矢作）橋は、長さが二百八間（約三七九メートル）あったといわれます。私はこんなところにも、日本の高度な技術力がいかに発展してきたのか、その過程を見る思いがします。

東海道五十三次の最後を飾るのが大津です。各地の米や特産品が集まる大津には、毎日市が立ち、それを人馬や牛車で盛んに京都へ運送していたそうです。

聖地巡礼としての旅

以上、歌川広重の「東海道五十三次」をもとに、宿場の設置によって街道がいかに賑《にぎ》わってきたかを、簡単に見てきました。

またそれを利用して武士だけでなく、一般庶民も旅に出かけるようになりました。当時の庶民が旅をする目的は、主に聖地を巡礼する「お参り」のためでしたが、その途中で旅館に泊まったり、温泉に入ったりすることが、しだいに娯楽の一つとされるようになっていったのです。

そのベースには、先に述べたように、外の世界からやって来る客人をもてなす信仰習俗があったのですね。日本の旅館に見られる徹底した客人尊重のサービス精神は、古き客人接待の精神的な伝統に深く由来するものと思われます。

しかし、もともと庶民はお金をそんなに持っていませんよね。そこで、みんなで少しずつお金を貯めて旅の費用に充てる「講《こう》」という組織が、各地に作られるようになりました。講は、庶民の信仰があつかった伊勢神宮《いせじんぐう》や富士山にちなんで、「伊勢講」や「富士講」などと呼ばれていました。とくにお伊勢参りは江戸から二ヶ月近くかけての長旅となり、近代以前の庶民にとっては一生の夢とされました。宝永二（一七〇五）年に伊勢参りに出かけた人は三六二万人という記録がありますが、これは当時の全人口の約一四％にあたるそうです。現在では、伊勢神宮には年間六〇〇万から八〇〇万もの人が参拝しています。

伊勢神宮には、天照大神《あまてらすおおみかみ》を祀《まつ》る内宮《ないくう》と豊受大神《とようけのおおかみ》を祀る外宮《げくう》があります。なぜ、外宮と内宮の二つがあるのか。いわれはいろいろあるようですが、古くは海の民たちの太陽神だったともいう皇祖神（天皇の先祖である神）の天照大神が、穀物神である豊受大神に来てほしいと、呼び寄せたからという伝承があります。前回の「日本文化の基礎」でも講義したとおり、ここでも、海と平地と山の民が生み出す、信仰の複合・融合を想像してみてもよいでしょう。

その外宮と内宮の間を流れている小さな川が五十鈴《いすず》川です。橋のこちら側が「この世」であり、向こう側が「あの世」とされます。こんなふうに、「この世」と「あの世」がごく近いところにあるというのも日本人特有の感覚で、韓国人や中国人にはあまり見られないものです。こうした感覚も、平地（この世）と海・山（あの世）が近接している日本の風土に大きな影響を受けていることは、間違いないでしょう。

中国にも朝鮮半島にも、こうした日本のような旅文化の発展はありませんでした。さまざまな理由が考えられますが、儒教国家の下では聖地を巡るような宗教文化が発展することなく、しかも人々の移動を厳しく制限する古代以来の王朝支配の歴史が、近代に至るまで続いたことが、最大の原因だったのでしょう。

中国人は露天風呂が苦手⁉

古来、伊勢神宮に参拝した庶民が帰りに必ず訪れたのが二見浦《ふたみがうら》です。夫婦岩《めおといわ》で有名な二見浦は、倭姫命《やまとひめのみこと》が天照大神の鎮座される土地を探し求めていた時、その眺めの美しさに二度も振り返ったのが、その地名の由来とされます。

現在、二見浦は日本有数の旅館街としても知られていますね。旅館といえば温泉がつきものですが、日本人が重視するのが「裸のつき合い」です。しかし、昔から他人と一緒にお風呂に入るという習慣がなかった中国人は、日本に来て友達と一緒にお風呂に入ろうとしても、どうしても恥ずかしいようですね。韓国人は近代以降、日本の影響で公衆浴場ができてからは、すっかりお風呂好きの国民になっています。

それにしても、日本人の場合は、一緒にお湯に浸かると階級も階層もなくなって、普段はギクシャクしている人とも、見知らぬ人とも仲よくなってしまうのは、やはり不思議に思えます。また、上下関係にとらわれず、仲間たちと同じ部屋で同じ食事をいただき、同じ部屋で同じ布団で寝て、ともに起きることを当たり前だと思っています。こうして、お互いに心と心が通い合える関係を自然と築いてしまうのが、日本の「旅館文化」のすごいところでしょう。もっとも最近は、欧米流の価値観が浸透してきたため、社員同士で温泉旅行に行くような機会は、以前よりだいぶ減ってきましたけれど。

そして日本人は旅に出ても、家族や仲間のことをちゃんと忘れてはいませんね。その証拠に、日本ほどお土産《みやげ》文化が発達している国はありません。旅先の特産品をお土産として買って帰ることは、江戸時代から今に至るまでずっと続く、日本人ならではの風習です。

このように、日本の「旅の文化」は長い歴史や独特の風土の中で培われてきたものであることが、みなさんは理解できましたでしょうか。そうしたら、今度の休みにぜひ旅に出てくださいね。もちろん机の上の勉強も大切ですが、旅に出てさまざまなものを見て、触れることで、知識がよりいっそう豊かなものになります。そしてお土産話をたくさん聞かせてください。

（注）「旅行の進歩及び退歩」昭和二年／『定本　柳田國男集』第二十五巻・筑摩書房刊所収

第三回　「美の大国日本」はいかにして生まれたか

欧米、アジアと異なる日本人の美意識の基準

日本に来ているアジア人留学生に日本についての印象を聞くと、たいてい「経済大国」「技術大国」という答えが返ってきます。そしてその要因は何かと聞くと、日本人の勤勉性を挙げる人が多いですね。しかし、日本には一般にいわれる「経済大国」「技術大国」以外に、もう一つの別の側面があります。それは、日本は何より「美の大国」であるということです。美の国として日本を見ていかないと、なぜ日本は技術大国、経済大国になったのかがわかりません。

日本人の美意識は世界の中でも特異な形をとっていますが、それが最もよく表われているのが、人生で何を拠《よ》り所とするかではないでしょうか。キリスト教文化圏の欧米、あるいは儒教文化圏である中国や朝鮮半島では、「どんな生き方が正しいか」という倫理《りんり》観、道徳観が生き方の規範とされます。しかし日本では「どんな生き方（死に方）が美しいか」という美醜《びしゅう》の観念が生き方の規範となるのですね。ですから、おそらく日本人にとっては、人から悪人と思われるよりも、卑怯《ひきょう》者とされるほうが辛いはずです。卑怯というの

は勇気なく卑屈に怯えた醜い態度のことですね。古来武士が卑怯者と指さされれば、自ら切腹して命を絶つのが潔いとされました。

そうした日本人が持つ特有の美意識は、「もののあはれ」「わび・さび」といった言葉でよく表現されます。これがどういう意味か、わかりますか。

〔中国人留学生――（電子辞書を引きながら）わかりません……〕

これらの言葉は、外国語に翻訳するのが最も難しい日本語の一つではないでしょうか。「もののあはれ」とは、江戸時代に国学を創始した本居宣長によれば「物事にふれて心の底から自然に出てくる感動」であり、「もののあはれを知る心」とは「いくら抵抗しようにも抵抗できない、身のうちから自然に湧き起こってくる感動」を覚える心です。

ただ、それがとくに「枯れ葉」とか「苔むした石」とか「花を落とした木」とか「欠けた月」とか「つぼみの花」とか「小さな虫の声」とか、総じて「溌剌《はつらつ》たる生命の躍動」ではなく、「いのちのはかなさ」にふれての感動として生じるところに、「もののあはれ」の最大の特徴があります。いうまでもなくこれは、華やかさへの感動ではなく、しめやかな感慨、しみじみとした情趣、あるいは深い悲哀の情に連なる感動です。

古く『万葉集』にも歌われているこの「もののあはれ」の情緒は、やがて仏教的な無常観の裏打ちを得ていっそうのこと研ぎ澄まされていきました。それは衰えゆく生命それ自身への感動であり、か弱く小さな生命への感動です。

「もののあわれ」を知る心には、生命に限りのあるこの世の物事に対する本質的なやさしさがあると思います。永遠でも完全でもない、無常で不完全な、はかなさや弱さに対する根底的な肯定がそこにあります。

この「もののあはれ」を底流として、中世末の頃になると「わび・さび」といわれる洗練された美意識が育っていきます。これは簡素な小世界に感じ入る美意識です。「わび」は「侘しい」などの「侘び」から出たことばであり、「さび」は「寂しい」から出たことばです。若干のニュアンスの違いはありますが、「わび」も「さび」も、簡素なもののなかにある落ち着いた静寂さ、閑寂な趣をいいます。

たとえば一輪挿しのように、広い世界を暗示するのでなく、与えられた材料だけでそれ以外に広がらず、それで満ち満ちたごく簡素な小世界——そこに日本人が「わび・さび」を感じるのは、「日本人がごくわずかな材料で、自分だけの世界を作ることの出来る習慣があるからだ」ということを、近代の民俗学・国文学者の折口信夫はいっています。

何に対して美しいと感じるかは、日本と他のアジアの国とでは大きく異なっています。

アジアの留学生もそして日本人の学生も、まずこのことをはっきり認識することです。私の見立てでは、日本以外のアジアの国々で共通する美の基準が「鮮やかな色彩」「きらきらとした輝き」「均一に整った美（左右対称の美）」「完成された不動の美」だとすれば、日本はまるで正反対です。日本人は「中間の色や曖昧な色」「鈍色《にび》に沈んだ美」「左右非対称（歪《ゆが》みの美）」「常に生成変化をやめない未完成の美」「地肌（生）のままの美」こそ、美しいと感じます。

ちなみに、中国や韓国では「八方美人」といえば、外見だけでなく内面もすばらしい人という最高の褒《ほ》め言葉になりますが、日本では逆に「誰に対しても愛想よく振る舞う人」と相手をけなす言葉になります。言葉一つにも、美意識の違いが表われているといえるでしょう。

今回はいけばなを例にとって、そうした日本人特有の美意識のあり方について講義していきます。

時代とともに変化するいけばなの様式

お花といえば、みなさんはどんなものが美しいと思いますか。私が来日した当初信じられなかったのは、「満開の花もいいけれど、蕾《つぼみ》の花もいいんだよ」という人がたくさんいたことです。そればかりか、しおれている花にも風情《ふぜい》があるという。しかも、あたり一面に満開の花が咲き乱れているよりも、一輪の蕾の花がそっと花瓶《かびん》に生けてあるのが、なお風情を感じさせるというのですね。これこそまさに、日本人にとっての「もののあはれ」「わび・さび」という世界ではないでしょうか。

こうした美意識の最も底に流れているものが、日本人特有の自然観にほかなりません。それではいけばなの略史を追いながら、日本人の自然に対する美的感受性とは何かを見ていきましょう。

一回目の「日本文化の基礎」でも講義しましたが、もともと日本は自然にとても恵まれた国ですね。そんな風土のあり方から、アニミズム

坪庭の桜を見上げる姫君たち（『源氏物語絵巻』より、徳川美術館蔵）

（自然界の諸事物に霊魂・精霊などの存在を認め、このような霊的存在に対して信仰すること）的自然観が長い間持続してきました。今に至るいけばなの精神的な基礎も、ここに求めることができます。

昔から日本人は神様が降りてくる場所（＝依代《よりしろ》）として、榊《さかき》や松など、一年中枯れない常緑樹を植えたり、飾ったりしていました。今でも正月に家の門前などに立てられる門松は、その名残《なごり》といえます。さらに、仏教伝来とともに供花《きょうか》（仏様に手向《たむ》ける花）が日本に伝わると、それらは融合（＝神仏混淆《こんこう》）して古典いけばなの基礎がつくられることになりました。

しかし一方ですでに平安時代には、神様を迎えるというよりも、花の美しさを愛でるという習慣が日本に生まれています。清少納言の『枕草子』には、「勾欄《こうらん》のもとにあをき瓶《かめ》のおほきなるをすゑて、櫻のいみじうおもしろき枝の五尺ばかりなるを、いと多くさしたれば、……」とあります。つまり、縁に置いた大きな瓶に花を挿《さ》して観賞するといった習慣が、貴族たちの間に古くからあったことがうかがえるのです。六四～六五頁の絵は、『源氏物語』の一場面ですが、自然の木花を室内から見て楽しもうという習慣が平安時代に生まれていたことがわかります。

室町時代になると、しだいに書院造の押板《おしいた》（床の間の原型）に観賞用としての花を生ける技術が整えられていきました。当時、「立花《たてばな》（立華）」と呼ばれたその技術的進歩にとくに貢献したのが、池坊専慶《いけのぼうせんけい》・専応《せんおう》です。池坊は華道の本流として今に至っていますね。

さて、口絵三～四頁の写真を見て下さい。時代が室町時代末期から戦国時代に移る頃には、人びとはより自由な形式を求めて自然のままの風姿を保つように花を生ける「投げ入れ（花）」という形式が広まるようになります。さらに十六世紀末の安土桃山時代には、武家社会を中心に流行していた茶の湯が千利休《せんのりきゅう》によって大成されますが、その流れの中から「茶花《ちゃばな》」が生まれてきます。「茶花」とは、季節感を重視しながら茶室を飾る花を「投げ入れ」の方法で生けるものです。

そして江戸時代中期になると、「立花」は厳格すぎる、さりとて「投げ入れ」は自由すぎるということで、「生花《せいか》」という形式が生まれていきました。「生花」は基本的に「天地人」という三つの役枝《やくえだ》（花型で主要な役割をする枝のこと）で構成され、全体の形が不等辺三角形をしていることが特徴です。不整形な歪みに美意識を感じる国民は、世界の中でも日本人だけではないかと思いますが、これについては次回の講義で詳しく説明します。いずれにせよ、「生花」は「立花」よりも生けやすい形式だったため、広く庶民に愛されて多くの流派が誕生し、いけばなの今に続く家元制度が整えられていくわけです。

やがて明治維新を迎えると、生活環境の洋風化に対応した「盛花《もりばな》」が小原雲心《おはらうんしん》によって創案されます。「盛花」は水盤《すいばん》や平かごなどの丈が低く口の広い花器に盛るようにして生ける生け方で、西洋で栽培された草花も盛られるようになりました。ちなみに、韓国でいけばなが行なわれるようになったのは近代以降のことで、この日本の「盛花」の影響を受けてのことです。

私は韓国にいた頃からいけばなが好きで、日本に来てからも、自分の住まいや職場に花を生けては楽しんできました。しかし私は、デパートなどで出合う「生花」や「茶花」などの古典いけばなには、当初なかなか馴染《なじ》むことができませんでした。日本の「盛花」の影響を受けたとはいえ、韓国に根付いたのは古典的な様式花ではなく、色とりどりの草花を惜しみなく器に盛って室内を飾るという、より西欧的なフラワー・アレンジメントに近いものだったからです。

そうした感覚で花を生けてきた私は、日本の古典花はいかにも地味で、用いる素材も少なく、色彩のボリューム感が乏しくて、こんなものがなぜ美しいのか、当初はどうしても理解できなかったのです。

ここで、留学生にも聞いてみましょうか。あなたは、日本の「生花」「茶花」といったいけばなを見てどんな感想を持ちましたか。

〈中国人留学生A――面白いけれど、いいとは思いません〉

うーん、何か風情みたいなものを感じませんでしたか。あなたはどうですか？

〈韓国人留学生――シンプルすぎると思います〉

〈日本人学生――一見簡素に見えるけれど、生命力を感じます〉

〈中国人留学生B――何か静かな感じです〉

なるほど。「静か」というのはいい表現かもしれませんね。私も徐々《じょじょ》にですが、古典いけばなに日本語でいう「凛《りん》とした美しさ」「清楚《せいそ》な美しさ」といった風情を感じるようになりました。いけばなには、素材の自然な質を壊さずに、その質をいっそう活き活きと感じとれるように凝《こ》らされた、微妙な圧縮や変形の工夫があります。それは、長い間自然の微細な諸相に分け入る体験を積み重ねることで、高度に研ぎ澄まされた感受性を磨いてきた、日本人ならではの至高の芸術だといえるでしょう。

一方、口絵四頁に載せた私が撮った韓国のいけばなの写真は、日本人が見ると、どうしても「派手すぎる」という印象を持ってしまうようです。

日本文化の起源は縄文時代にあった!?

私は、日本古来のいけばなを理解するポイントは、室内を飾る花でありながら、中国の挿花《さしばな》や西洋のフラワー・アレンジメントと違って、神の依代としての聖なる樹木という意義を保持しつつ様式化させてきたことだと思います。古典いけばなが基本的に枝を立てる形をとっているのは、そのためだと考えられます。

そしてそこからは、神と大地と人間でもって構成される、日本人独特の世界観がうかがえないでしょうか。

こうした自然に対する独特な美的感受性が、いけばなをはじめ、茶道、庭、短歌・俳句といった日本の伝統文化を生んできたのです。そのオリジン（起源）はどこにあるのか。私は一時期、日本文化というものがわからなくて、悩んだ経験があります。日本文化を真に理解するには、江戸時代の武士を研究しても十分にはわかりません。同様に、平安時代や飛鳥時代の貴族まで遡っても足りないでしょう。散々迷った挙げ句、ついに私が辿り着いたのが、自然と神とを一体視していた時代、農耕文化が形成される弥生時代よりはるか先の、縄文時代（前農耕アジアの時代）だったのです。

とはいえ、縄文時代といえば紀元前一万年前にまで遡《さかのぼ》る新石器時代のこと。そんな大昔に日本文化のオリジンがあるといわれても、学生諸君もにわかに信じ難いと思われます。

しかし、縄文時代より続く日本人の独特の自然観、美的感受性が、今の「美の大国日本」「経済・技術大国日本」をつくったベースにあるということを解き明かすのが、この連続講義の大きな狙いでもあります。そこで次回は、再び日本人の美意識の底に流れるものとは何かを探りつつ、縄文時代に求められる日本文化のオリジナリティが、外来文化と融合することでいかに変容していったかを説明していきましょう。

第四回　日本人はなぜ微妙な歪みを愛するのか

縄文時代まで遡る日本文化の起源

前回の講義「『美の大国日本』はいかにして生まれたか」で、日本人は欧米や他のアジア人とは異なる美的感性を持っている、また、そうした日本人が生んだ伝統文化のオリジン（起源）は、はるか縄文時代に遡ることができるのではないか、というところまで話を進めました。

最新の研究によれば、縄文時代は今からおよそ一万二千年前に始まったとされます。古い縄文文化観では、縄文人は定住しない狩猟民族と見られていました。しかし、三内丸山《さんないまるやま》遺跡（青森県青森市）や桜町《さくらまち》遺跡（富山県小矢部《おやべ》市）などの発掘調査により、縄文人が竪穴《たてあな》住居や掘立柱建物の大集落を形成し、土器を使い、穀物を栽培していたことが判明しました。

重要なのは、「縄文文化」は縄文時代に日本全土に行きわたっていたということです。つまり、北は北海道から南は沖縄まで、日本列島の全域にわたって、同質の文化が形成されていたのです。それに対して、同時代の朝鮮にはそうした文化の統一性はほとんど見られませんし、沿海州にもありません。また、中国大陸に漢民族の統一文化が形成されたのは、紀元前後のことなのです。

そういうことから、アジア的な農耕文明が始まる以前の縄文時代の文化にこそ、今に続く日本文化のオリジンは求められるはずだと、私は考えています。

今回は、それを象徴的に示す例として、日本の「やきもの」文化を取り上げましょう。

国宝・新潟県笹山遺跡出土、火焔型土器
（十日町市博物館蔵）

これはほとんど断言してよいと思いますが、日本のやきものに見られる微妙な「歪み」に美を感じてこよなく愛するのは、世界広しといえども、日本人以外にいないのではないでしょうか。私はそこに日本文化の独特なあり方を強く感じます。

そして、そうした「歪み（左右非対称）の美学」のベースには、実に一万二千年前の縄文式土器があることは、ほとんど疑いの余地がありません。そのことを念頭に置きながら、各地の有名なやきものを見ていきましょう。

やきものは魂で鑑賞する

まずは、信楽焼《しがらき》（口絵五頁）を見てみましょう。信楽焼は滋賀県甲賀市信楽町を中心に作られる日本の伝統的なやきものの一つで、ユーモラスな狸《たぬき》の置物で有名ですね。

信楽焼は、七四二年に聖武天皇が紫香楽宮《しがらきのみや》を建立する際に、ここの土で瓦《かわら》や須恵器《すえき》（日本古代の灰色の硬質土器）を焼かせたのが、その始まりとされています。

信楽焼の主な特徴は、「自然釉《ゆう》」「火色」「焦げ」の三つとされます。

「自然釉」とは、薪《たきぎ》の灰が溶けて自然に釉《うわぐすり》（素地の表面に施すガラス質の溶液）を使ったように焼くことで、これをビードロ釉といいます。また、「火色」とは焼成《しょうせい》することによって表面がほの赤い色になること。「焦げ」とは薪の灰に埋まる部分が黒褐《こっかっしょく》色や溶岩のような色になることを意味します。

これらの特徴から、信楽焼には素朴《そぼく》ながら、独特な温かい情感があるとされ、今に至るまで根強い人気を誇っています。

ここで、留学生に聞いてみましょうか。あなたは信楽焼を見てどんな印象を持ちましたか。

〔中国人留学生A――色や形が変で、美しいとは感じません〕

そこに美意識を感じないわけですね。あなたはどうですか。

〔ペルー人留学生――面白いと思います〕

信楽焼を「面白い」と感じているところが興味深いですね（笑）。では、なぜ面白いと感じるのかな。もっとも、ペルーには縄文時代と同時代に、とてもよく似た土器があったそうですが。

〔同――これまであまり見たことがない形や色だから〕

なるほど。では日本人はどうかな。信楽焼に美意識を感じますか。

〔日本人学生A――味があると思います。日本的というのか……〕

でも、器が少しゴツゴツしすぎていると思いませんか。

〔同――これが滑らかだったら、味がないと思います〕

たしか、あなたはお茶を習っているのでしたね。だから、信楽焼のよさがよくわかるのかな。まさに信楽焼は、その素朴さの中に「わび・さび」を表現したものとして、室町、安土・桃山時代以降、茶道の発展とともに茶人に愛用されてきました。そして現在では、植木鉢や食器といった日用品以外にも、建築タイルなど、幅広い用途に使用されています。ちなみに、狸の置物の歴史は比較的新しく、明治時代にある陶芸家が焼いたのが始めで、今では商売繁盛の縁起物として、店先に置かれることが多いそうです。

つづいて、山口県萩市《はぎ》一帯で焼かれる萩焼を見てみましょう。世に「一楽《らく》（京都）、二萩、三唐津《からつ》」といわれ、信楽焼と同じように萩焼は古くから茶器として名高いやきものの一つです。

萩焼は、文禄《ぶんろく》・慶長《けいちょう》の役（一五九二―九八）の際に中国地方の大名・毛利輝元《もうりてるもと》に連れてこられた李勺光《りしやくこう》、李敬《りけい》兄弟が城下で御用窯《ごようかま》を築いたのが始まりとされます。当初は、李朝（李氏が国王として君臨した朝鮮王朝、一三九二―一九一〇）の影響を強く受けていましたが、江戸時代の寛文期《かんぶん》（一六六一―七三）以降は、楽焼の作風が加わって多様化し、萩焼独特のものが焼成されるようになります。

その魅力は、手で持った時のしっとりとした触感、目で見た時のほんのりと柔らかな色使いにあるといわれます。萩焼は低火度でゆっくり焼くために感触が柔らかく、土があまり焼きしまっていないので重たく、保湿性があるのが特徴です。そのため、使い込んでい

萩焼（写真提供：フォト・オリジナル、以下同）

くうちにお茶が徐々に染み込み、色、つやが微妙に変化して、何ともいえない風情を醸《かも》し出します。これは「萩の七変化」と称され、茶人の間で長らく珍重されてきました。

信楽焼にしても萩焼にしても見ていて気づくのは、似ているようで同じようなものは一つもないことです。これは窯で焼く際に、土の配合や炎の性質、釉のかけ具合などで、いつも予期しない仕上がりになるからです（これを「窯変《ようへん》」という）。どれほど優れた技術でも意図的には出せない自然美、それはまさに縄文的な人間の自然な魂でしかつくれないものではないでしょうか。だからどうしても、日本のやきものは魂で鑑賞するしかないのです。

神様になった朝鮮陶工

次は、日本の代表的な磁器の一つであり、佐賀県有田町を中心にして焼かれる有田焼を見ていきましょう。有田焼は積出港である伊万里《いまり》港の名をとって、伊万里焼とも呼ばれます。これまでの信楽焼や萩焼は陶器でしたが、有田焼は磁器であるという大きな違いがあります。

そこで両者の違いを簡単に説明しておきましょう。まず原料の違いです。陶器が粘土から作られるのに対し、磁器は石質の陶石から作ります。またその特徴は、陶器が有色で吸湿性があり、叩くと鈍い音がするのに対し、磁器は白色で吸湿性はなく、指ではじくと「キーン」という金属音がします。

有田焼は、文禄・慶長の役の際に日本へ渡ってきた朝鮮陶工、李参平《りさんぺい》によって始められたとされます。佐賀の大名・鍋島直茂《なべしまなおしげ》に伴われてきた李参平は、適地を求めて領内を転々とし、有田町泉山ですぐれた白磁鉱を発見します。一般には一六一六年に、日本で最初の磁器が彼の手によって焼かれたとされます。

陶山神社

以後、有田焼は今右衛門《いまえもん》、柿右衛門《かきえもん》、源右衛門《げんえもん》をはじめとする名窯を生み、オランダとの貿易を契機にして作品的にも量的にも大きな飛躍を遂げていきました。

ところで、JR佐世保線有田駅から東の線路沿いの大樽《おおだる》には、有田焼の伝統精神の核をなすともいえる陶山《すえやま》神社があります。一の鳥居をくぐって石段を上っていくと、有田焼特有の白地に青の染付《そめつけ》磁器で作られた堂々たる大鳥居が現われ、人々の興味をひきます。そこで私がとくに驚いたのは、朝鮮陶工の李参平が、鍋島直茂と主祭神の応神《おうじん》天皇とともに、この神社に祀られていたことです。

そもそも職人は日本では尊敬されますが、儒教の価値観が色濃く残る韓国では、今でも蔑視の対象となっています。とくに李参平らが朝鮮半島で陶工をしていた李朝の時代は、最も厳しい身分社会の時代であり、技術者たちは最下層の身分に属していました。そんな身分の人物が日本に渡って神様となっていたところに、秀吉による朝鮮陶工の〝強制連行〟という単純な政治主義からだけでは語れない、日本と朝鮮半島の間に横たわる文化の異質性を感じます。

それはともかく、江戸時代に焼かれた有田焼は古伊万里とも呼ばれ、また、鍋島藩主が将軍家や朝廷に献上するために焼いたものを特別に鍋島焼（色鍋島）といいました。

もともと十七世紀初めの朝鮮半島には、色絵の技法がなかったために、有田焼も当初は白磁や青磁、染付だけで色絵は焼かれていませんでした。この時期までの有田焼を、骨董《こっとう》界ではしばしば初期伊万里と呼びます。ここに挙げた写真は、初期伊万里の代表的な大皿です。しかし、十七世紀半ばに中国から色絵の技術が伝わると、鍋島焼をはじめ色絵が焼かれるようになり、絵柄や色彩は中国の影響を受けて次第に豪華なものになっていきました。

八一頁の写真は、その鍋島焼の名品の一つです。決して絢爛《けんらん》ではなく、どちらかといえば鈍い色彩のものですが、風雅さに満ちた傑作といえるでしょう。一般に鍋島焼は、古伊万里の大皿の色絵から部分的に文様《もんよう》を引用してアレンジした模様を載せ、余白を多めにとった美が特徴的です。私には初期伊万里のものと比べて、その絵柄には確かな非対称性が

染付楼閣山水文大皿（佐賀県立九州陶磁文化館蔵）

鍋島色絵岩牡丹植木鉢文大皿（栗田美術館蔵）

感じられるように思います。

このように日本のやきものは、中国や朝鮮半島の影響を受けつつも、造形や絵柄にはオリジナルな美意識が投影されて、独自の発展を遂げてきました。しかもその発展の仕方は、古いものを消し去って縦へ縦へと進んでゆくものではなく、陶器から磁器へ、古伊万里から鍋島焼へと、それぞれが重複しながら横に並び、個性を競い合うもので、そこには「拡散」と「循環」を繰り返す日本文化ならではの多様性がよく表われています。

ここで再び、学生たちに質問していきましょう。

口絵五頁のコーヒーカップの写真のうち、下の写真は私が韓国で買ってきたもの、上の写真は同じく私が鹿児島で買ってきた、桜島の灰から作られたというものです。両方のコーヒーカップを比べると、あなたはどちらがほしいと感じますか。

〔中国人留学生B――韓国製のほうがキラキラしてきれいです〕

韓国人のあなたは?

〔韓国人留学生――やはり、韓国製のほうが高級感があっていいと思います〕

では、今度は日本人に聞いてみましょうか。あなたはどちらのコーヒーカップが好きですか。

〈日本人学生B――どちらもいいと思います〉
まさにあなたの答えは、「日本人的」といえますね（笑）。強いていうと、どちらがいいですか。
〈同――やはり鹿児島かな。韓国のものは、金ピカで少し安っぽく見えてしまいます〉
そうですか。ありがとう。中国人や韓国人には、「均一に整った（左右対称）美」「きらきらとした輝き」を持つ韓国産のコーヒーカップのほうが鹿児島県産のものに比べて、より美しいものに見えるのではないでしょうか。しかし、日本人にはそうは見えない人が大部分だと思います。多くの日本人は鹿児島県産のコーヒーカップが持つ「歪みの美」「鈍色に沈んだ美」にこそ、芸術性を感じてしまうのです。中国人や韓国人と日本人は、古来同質の文化を持ってきたと思ってきた人には、これはある意味、衝撃的なことかもしれませんね。

中国、朝鮮半島にはない法隆寺の伽藍配置

最後に「歪みの美学」に関して、現存する最古の木造建築である法隆寺（六〇七年建立、

六七〇年炎上、八世紀初めまでに漸次《ぜんじ》再建）の伽藍《がらん》配置に触れておきましょう。

仏教寺院の伽藍配置の様式は、まず中国で仏舎利《ぶつしゃり》（お釈迦様の骨）を入れる（仏）塔、仏像を入れる金堂《こんどう》、僧侶が居住する講堂という基本的な建築物が生まれ、それを一直線に並べたもの、または仏塔を挟んで左右に二つの金堂を配置したりしたものなどが作られました。いずれにせよ、正面から見て左右がピッタリの対称形をつくることが基本となります。朝鮮半島にこれが伝わると、屋根の反り方などの細部には独特な形も生まれましたが、大枠の形式では何百年経っても変わることがありませんでした（後に山地の狭い敷地に建てられた寺院ではそうではないものもあります）。

ところが日本では、最初は中国の様式をそのまま取り入れた仏教寺院があちこちに建てられましたが、やがてその伽藍配置の形式を変えたものが生み出されます。再建された法隆寺がその典型で、仏塔と金堂を左右に配置するという、高さも容積も不均等な左右非対称の配置となっています。こうした配置の仏教寺院は、今の中国や朝鮮半島からは遺跡として全く発見されていません。さらに建築技術の面でいえば、近年、法隆寺に用いられた独特の木組みとよく似たものが、縄文時代の遺跡である桜町遺跡から発掘されました。これは、これまで中国あるいは朝鮮から入ってきた技術だろうとばかり推測されていたものなのです。

　このように日本の伝統文化・技芸は、縄文時代の自然生活における土器製作や建築など、さまざまな技術をベースとし、後の時代に外来文化との融合を経てより高度なものとして花開いていったといえます。

　従来、日本文化の土台は、古代に朝鮮半島を経由した大陸文化の移入によって形作られたというのが定説でした。しかし、単に移入や模倣という言葉では説明できない「深さ」が、技術的にも美術的にも日本文化にはあるということが、みなさんは少しずつわかって

図1　仏教寺院の伽羅配置

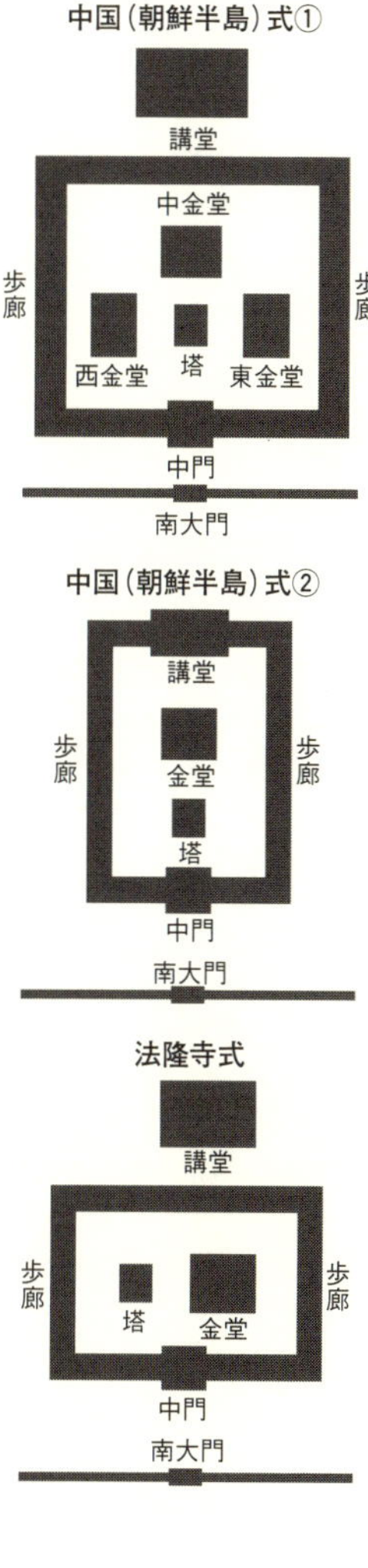

きたのではないでしょうか。次回以降の講義でも、そう考えられる「材料」を一緒に探していきましょう。

第五回　日本の職人はなぜ自然の声に耳をすますのか

自然と人間を一体と考える

前回の講義「日本人はなぜ微妙な歪みを愛するのか」で、日本の伝統文化や技芸は、縄文時代の自然生活における土器製作や建築など、さまざまな技術がベースにあるという話をしました。私はそうした日本独自の技術のあり方を「自然技術」と呼んでいます。

私はこれまで、刀工や陶工、大工、工芸職人、和菓子職人や寿司職人など、日本のさまざまな伝統技術者に直接会っていろいろと話を聞いてきました。そこでわかったのは、職人さんたちはみな「自然生命の声」を聞く能力を持っていることです。

たとえば、刀工にとって鉄は生き物であり、陶工にとって土は生き物であり、塗り師にとって漆《うるし》は生き物であります。自然素材の側からの生きた働きに感応して腕をふるう――そういう気持ちが職人さんたちの中にはあるのですね。

ところであなたたちには、「鉄や土や漆が生き物である」という感覚が理解できますか。

〔中国人留学生A――考えられないです……〕

では、日本人はどうなのでしょうか。あなたたはその感覚がわかりますか。

〈日本人学生A――なんとなくわかります〉

そもそも、「自然生命の声」を聞く力を持っているのは、伝統技術者にかぎりません。そんな力は一般人にはないというけれど、日本語の表現には、「木々がささやいている」「風が呼んでいる」といった、自然をあたかも人間と同じようにみなす表現がことのほか多いのが特徴です。こうした表現は擬人法《ぎじんほう》といわれますが、日本人は自然と人間を区別したうえで自然を人間に擬しているわけではなく、むしろ無意識のところで「同じ」だと考えているのではないでしょうか。

日本最古の書物『古事記』には、草や木が話をする時代があったと書かれています。日本の伝統的な職人技術には、そのように自然と「話をし合って」、融《と》け合って生きてきた、気の遠くなるような古い時代の人間精神のあり方が保存されているといってよいのではないでしょうか。

そのことを念頭に置きながら、刀鍛冶《かたなかじ》と和菓子作りという二つの伝統技術の世界をのぞいてみることにしましょう。

頭ではなく身体で刀を打つ

日本刀の歴史は、平安時代にまで遡るそうです。それまでは大陸から伝わった反りのない「直刀《ちょくとう》」でしたが、平安時代後期から馬上で扱いやすく、截断《せつだん》能力が高く反りのある曲刀としての「太刀《たち》」が登場します。両手で扱う「太刀」はおそらく日本刀が世界で唯一のものでしょう。しかも、重ね鍛えの技術によって素材の純度と均一性が高められ、刀剣の生命である「折れず・曲がらず・切れる」をこれほど高度なレベルにまで到達させたものは、他に例がありません。そして、なんといっても美しい。こうした日本刀の機能と美の水準が、すでに平安時代末期から室町時代の初めにかけて完成されていたのです。

私は備前《びぜん》刀工青木盛家《もりいえ》氏の案内で、刀剣の里・岡山県瀬戸内市長船《おさふね》町の備前長船刀剣博物館と、青木氏の仕事場を訪ねたことがあります。現地では「鉄は生き物なんです」という言葉を何度となく聞かされました。

備前刀は高温から急激に冷やすのではなく、七八〇度の低温焼入れで最後まで素材を殺さないところに大きな特徴があります。そのため、水温がきわめて重要になりますが、その基準は春分と秋分の頃の水温で、古来日本でその時期の気温が最も安定しているところが備前地方、現在の岡山県だったということです。さらに、中国地方の山地は、古くから良質の砂鉄を大量に産出しており、燃料の木炭が豊富であったという好条件も備わっていました。

青木氏によれば、明治の廃刀令によって口伝《くでん》で伝わった技法が断絶したため、現在の刀工には千年来の技術水準に手を届かせるべく、創造的な努力が必要とのことです。

青木氏は、付近の高梁《たかはし》川などから採れた磁石で砂鉄を採り、「そこから刀作りを始めます」と言って、石のような鉄の塊を見せて下さいました。いくつかの砂鉄をブレンドして創作にかかるとのことです。また、刀の鍛造には音楽のリズムやメロディーを作るセンスが必要で、あるところでは軽快に、あるところでは力強くというように、作曲にも通じる芸術性を感じていると述べておられました。

そして刀を鍛造《たんぞう》する時の火の加減、これが仕上がりにものすごく影響を与えるそうです。その時々の湿気や温度の違いを刀工が肌で感じる力がなければ、これほどの刀剣は生まれないとのことでした。「無心」の状態になって、心と刀が自然に一体になれたと感じた時、自分でも納得できる作品が生まれる……。懸命に頑張って夢中になるというよりは、身体が自然に対象と混じり合っていくように、気を静めていくことがなにより大事とのこと。それはいわば、頭ではなく身体で刀を打つ感覚に近いのでしょう。気の遠くなるような修練を経て一人前になっていく、「百戦練磨」の世界がそこにはあります。

和菓子で最も大切なのは季節感

次に、京の和菓子職人の世界を見てみましょう。和菓子の特徴は何といっても、茶の湯に育てられ洗練されていく中で、緑茶の飲用にふさわしいものとして形成されてきたところにあります。そして世界の菓子文化から際立つ最大の特徴は、たくさんの材料や製法を複雑に組み合わせ、バラエティーに富んだ美しい色彩と形の表現世界が華やかに繰り広げられているところにあります。着物の柄の発展や時々の流行とも大きく関係しているといわれます。

和菓子は日本料理と同じように「目で食べる」世界へ限りなく開かれています。その意味での美しさを追求し続けてきた伝統工芸品というのにふさわしいでしょう。中国伝統の唐菓子や点心とも、西洋の洋菓子とも大きく異なるのはそこなのです。

ある時私は、京都の老舗和菓子屋の一つである「長久堂《ちょうきゅうどう》」を訪ねました。案内して下さった六代目の横山長尚《たけひさ》氏によれば、和菓子の内容には大きく二種類があります。一つは形はさておき味を楽しむもの、その二はお茶会などで用いられる見た目と味を楽しむものです。

お茶席に出すお菓子は客の話題になるものだけに、見た目がとても重要であることはいうまでもなく、かといってこれ見よがしの趣向では品を失ってしまいます。くっきりと浮き立つ鮮やかさを要求される一方で、それとなくほのかに匂い立つおくゆかしさがなければいけない。その勘どころがとても難しいわけです。

また、和菓子で最も大切なのは季節感であり、しかもファッションと同じで季節のわずか先をいくものをよしとします。しかしその時に、想像力を働かす余地のない「いかにも」といった即物的なもの、単なる模写のようなものではだめとのこと。たとえば、秋の季節に誰が見てもすぐに「いかにも紅葉」とわかるようなものでは失格なのです。お茶の世界では、すべてにわたってそこがとても厳しいのです。

「長久堂」菓子職人の村上俊一《としかず》氏は、「人さんに喜ばれることは自分がうれしいことなんですね」と言われます。自分の主観で作りたいものを作る喜びとは違う「もてなし」の世界がそこにはありました。

ハイテクに使われている意外な伝統技術

学生のみなさんは、こうした日本の伝統的な「自然技術」と、現在の最先端の高度技術、いわゆるハイテクの間には、何の関係もないと思われるかもしれません。しかし、日本のハイテクは伝統的な職人技術を組み込んでいくことで発達していきました。だからこそ、戦後日本は廃墟《はいきょ》の中から奇跡的な復興を遂げ、今の「技術大国」「経済大国」になることができたと、私は考えています。

たとえば、一九六五年に建設が始まった日本初の超高層ビルである霞が関ビル（地下三階、地上三六階、高さ一四七メートル）には、上野寛永寺《かんえいじ》の五重塔《ごじゅうのとう》の技術が使われています。一九二三年の関東大震災の折、瓦礫《がれき》と化した東京の数々の建物の中で、不思議と上野寛永寺の五重塔は、倒れることなく残っていました。これは地震による建物の揺れを、塔全体を支える一本の太い柱が柳のように揺れ、土の中へ震動を吸収させてしまう構造になっていたからです。こうした五重塔の技術が、霞が関ビルには応用されているのです。

また、世界で生産されるパソコンの絶縁体の八割には日本の和紙が使われ、スペースシャトルの機体を超高温の摩擦《まさつ》熱から守るために日本のセラミック（陶磁器）が使用されています。さらに、半導体回路のプリント装置を支える基盤の最終仕上げは、機械ではなく人間の手によって行なわれているそうです。機械よりも、人間の手のほうが基盤が水平かどうか見分けられるとのことですが、みなさん信じられますか？　日本の製造業の現場にはこうした超人的技術を持つ人が数多くいますね。

日本の伝統的な職人技術は、意外なところにも活かされています。トヨタ自動車の「ゼロクラウン」（二〇〇三年十二月より発売）の開発チームには、やきものを焼く陶工が入っていたそうです。これは、やきものの技術を自動車に組み込もうというわけではなく、その精神を取り入れようとするものだそうです。日本の茶の湯の精神が持つお客様への「もてなし精神」は、最先端の自動車技術にも受け継がれているのであり、またそれを受け継ごうとするところが日本独自のモノづくりのあり方ではないでしょうか。

さて講義の最後に、日本人の独自の世界観を探るために、こんな質問をしてみましょう。日本人と他のアジア人、西洋人が持つ「自然への感受性」の違いがよく表われると思います。たとえば、みなさんが今使っているこの机のようなものに対しても、日本人には「生きている」という感覚があるようですね。あなたもそう感じますか?

〔中国人留学生B――この机は木から作られた物です。もともとの木は生きていましたが、物に生命力はありません〕

中国人留学生は、「物には命がない」といっていますが、これに対して、日本人としてはどう思いますか。

〔日本人学生B――でも、物には魂が入っていますからね〕

〔中国人留学生C――物に命があるというのは、人間のエゴでしょう〕

物には魂が入っているから生きている――自然と人間は一体であるという感覚を無意識に持つ日本人ならではの感性ですが、これを理解するのは、儒教、あるいはキリスト教文化圏で生きている外国人にはなかなか難しいことではないでしょうか。

とくに西洋社会では、人間と自然は一体ではなく、むしろ自然は長らく征服する対象としてありました。こうした自然観の中から生まれた西洋の近代技術は、主体の側の都合(主観)によって自然から有益なものだけを切り出し、自らの対象(客体)としていく傾向を強く持っているといえるでしょう。近代的な工業技術の進展は、いうまでもなく物質的な豊かさをもたらしてくれましたが、同時に伝統的な精神文化と自然生命の存続をともに危機状態に陥れています。それは「自然生命の声を聞く力」を「非科学的」なものとして排除し、人間の側の判断だけで自然を工業的な加工の対象としてきた結果ではないでしょうか。

だからこそ、未来の技術を考えるとき、日本の伝統的な職人技術が保持してきた高度な自然への感受性は、徹底的に再検討すべき課題になっているのかもしれません。みなさんも、ぜひそんな問題意識を持って、自然と伝統技術のあり方を見つめ直してほしいと思います。

第六回　世界で一番平等で安全な社会を築いた国はどこか

物事の自然なあり方を母型とする

今回はこれまでの講義をひとまずまとめるかたちで、「日本文化の未来性」について語っていきましょう。

よく日本文化は、古代においては中国や朝鮮文化、また明治以降は西洋文化の模倣であり、オリジナリティがないといわれます。しかし日本文化の深層には縄文時代から培われた自然観があり、それが今にも受け継がれていることを、これまでの講義で繰り返し説明してきました。つまり、「物事の自然なあり方を母型として、さまざまな日本文化の美的な様式が形づくられていった」ということでしたね。

日本文化にはそのような長い連続性があるため、大陸や西洋から新しい文化・文明が入ってきた場合でも、いつの間にか「日本的」なものに変わってしまうという特徴があったのです。たとえば、時代によってさまざまな外来文化の影響を受けながらも、日本の伝統「いけばな」が西洋のフラワー・アレンジメントとは異なり、完全な造形美術になることがなかったのは、神が降臨する樹木、あるいは魂が宿る植物というアニミズム（自然信仰）

特有の、自然な生命への聖なる感性が、無意識のうちに生き続けているためでしたね。

また、日本の「庭」は自然景観をそのまま表現しようとするものであり、自然景観を幾何学的《きかがく》に切り取って整理することから始まった西洋のガーデンとは、まるで起源が異なるのです。ちなみに東洋の影響を受けてイギリスで風景式庭園が流行るのは、十八世紀になってからのことです。

同様に、「茶の湯」は日本人の日常の立ち居振る舞いをいかに美しく表現するかというところに、「舞踊」は日本人の習慣的な身体動作の美的な表現に、それぞれの様式の根を持っています。そこに、徐々に美意識による洗練を加えて、今見るような一つの文化の完成形ができたのだと考えられます。

こうした日本の伝統文化は主に室町時代から江戸時代にかけて発展・定着してきたのですが、言葉の芸術としての短歌の歴史はさらに古く、奈良時代にまで遡ります。おそらく短歌が、日本語が自ずと生み出す自然なリズムに発しているからでしょう。

伝統文化だけでなく、剣道や空手といった武道の世界でも、日本人は自然のリズムと一体になることを重んじるようです。では、こうした物事の自然なあり方を母型に持つ独特な日本文化は、どんな「社会」を築き上げていったのかを次に考えていきましょう。

なぜ列にきちんと並ぶのか

身近な例でいいますと、日本人は電車やバスに乗る時に、誰に命じられるまでもなく、きちんと行儀よく列に並んでいますよね。なぜ日本人は、そうするのだと思いますか。

〔中国人留学生――他の人が並んでいるから、自分もそうしているだけなのではないでしょうか〕

では、なぜ中国では人は列にきちんと並ばないことが少なくないのですか。

〔同――それは時間が無駄だからです〕

みんながワアーッとわれ先に乗ろうとしたら混雑して、かえって時間がかかるとは思わないのかな。しかし、日本人にあるのはそうした損得勘定や外側から規制されての意識ではなく、列にきちんと並ばないのは、なにより「美しくない」と感じるからではないでしょうか。勝手に列に割り込むことはとても醜い行為だし、そこには身勝手な自由があるだけで、内面の自由など得られるわけがないことを、列に並ぶ大部分の人たちが知っているはずなのです。

ほかにも、時間を守らない、親しき仲でも礼儀を欠いている、約束を守らない……こういう人は日本の社会では「だらしがない人」と嫌われます。多くの日本人は特定の宗教教義に由来する規範意識を持たないため、外国人から見れば原理原則とか普遍的な価値観についてはずいぶんいい加減に見える一方、社会的なルール、とくに生活習慣のルールは極めて厳格に守ると思えます。日本社会の秩序は、個人を律する普遍的な制度よりも、生活する人々の間での自然な調整作用の働きで「自動的に」保たれている部分が大きいのです。

そうした背景から、たとえばパナソニック（旧松下電器産業）の創業者、松下幸之助（一八九四〜一九八九）の次のような社会秩序観が出て来ることにもなるのです。

「治安を高めていく一つの行き方としては、法律による規制をより細かくし、警官も増員して、国民に対する取り締まりを厳しくすることも考えられる。しかし松下幸之助は、民主主義社会における治安、秩序というものは、本来そのように厳しい法律をつくり、警官を増員することによって保っていくべきものではない、国民一人一人が良識をもって、自主的に国全体の秩序を高めていく、極端にいえば、一つの法律、一人の警官がいなくても治安がピシッと保たれる姿が望ましいと考えていた」（注1）

こうした考えは、まさしく「国民一人一人が、良識をもって、自主的に」整然と社会的ルールを守り続けている日本の現実があってこそ、出てくるものだといえましょう。

日本人は非常に調和を重んじる国民だといわれる一方で、しばしば個性がない、主体性がない人たちだという批判を受けてもいます。しかし、事実は決してそうではありません。一人一人が「私こそが一番優秀なんだ」と思うのではなく、むしろ、「いやー、私だけでは何もできないですよ。みなさんのおかげです」という具合に、みんなと一緒に仲よくやっていこうという気持ちを持ち、バランスのとれた社会をこれまでつくり上げてきたと思います。そこは、日本が誇るべきところなのです。そのように利己的でないところで、日本人は「個性的」なのであり、他者と調和のできる「主体性」ある人たちだといえるのではないでしょうか。

第一回目の講義「日本文化の基礎」を思い出してほしいのですが、日本の風土は山と海と平野が隣接しており、お互いの民が対立することなく、それぞれの幸を分け合って生きてきたと説明しましたね。宗教にしてもそうです。日本文化の深層には、縄文時代以来のアニミズム（汎《はん》自然主義）的な自然信仰の意識が根強く生きています。飛鳥《あすか》時代に仏教が入ってきた時に、そうした古い自然信仰を「遅れたもの」だといって日本人は切り捨てましたか。

〔日本人学生A――捨てませんでした〕

そうなんです。日本では土着の自然信仰と新しい仏教が混じり合っていくという（＝神仏混淆）、アジアでも珍しいパターンをとったわけです。あるいは、キリスト教の神も、イスラム教の神も等しく敬《うやま》うし、儒教の教えも尊重する。しかし、こうした何か普遍的な思想、正義よりも、まず共生を重んじる日本人の国民性は戦後、時として否定の対象になってきました。

でも、この講義を受けているみなさんにはわかってもらいたいと願うわけです。戦後、世界のどこの国も実現できなかった、きわめて分配が平等な「国民総中間層社会」を実現したのはどの国なのでしょうか。しかも世界有数の豊かな社会であり、なお犯罪が少ない平和な国を作り上げたのは、どこの国の人たちなのでしょうか。

〔日本人学生B――日本人です〕

そうですね。でもそれだけではありません。日本は伝統職人技術から世界最先端技術までが共存する技術大国であり、しかも経済大国です。いずれもが、多くの諸国が理想として求め続けてきたものですね。その理想に世界に先駆けていち早く近づいたのが日本なのです。

なぜ、こういう国ができたのか。それは、自然と人間は一体であるという感覚、自分は自然に生かされているというような、ある種の根源的な「受け身志向」によるものだと、私は考えています。みなさんも、少しずつそのことがわかりはじめてきたのではないでしょうか。

世界が見習うべき、日本文化の未来性

現在の日本は、かつていわれたような経済大国というよりも、美の大国であるという受け止め方をされていて、「日本風」を愛する静かな日本ブームが世界的な広がりを見せています。とくにパリ、ミラノ、ベルリン、ロンドン、モスクワ、ニューヨーク、バンコク、台北《タイペイ》、香港、上海といった世界の主要都市で、日本風の人気は年々高まる一方です。

日本の健康的な食、イメージ豊かな娯楽文化、繊細かつ美麗な伝統文化、アイデアに満ちた日本製日用品、日本式もてなしの接客サービスなどは、すでに目先の興味や物珍しさ

を超えて、日々の暮らしの中でより熱く、より深く世界の人々に愛されはじめています。

とかく芸術といいますと、西洋芸術ばかりを思い浮かべるかもしれませんが、すでに江戸時代の頃から、西洋人は日本の伝統文化を驚きの目で見つめ、それを真似していたことがわかります。

たとえば、有田焼（伊万里焼）がそうですね。江戸時代前期から、日本の有田焼はオランダの東インド会社の手によって長崎からヨーロッパ諸国に盛んに輸出され、王様のお城で宝石と同じように貴重な物として大事にされました。何とか自分の国でも同じものができないかと考えたドイツのある王様は、錬金術師《れんきんじゅつし》に命じて磁器製法の研究をさせました。試行錯誤の末、一七〇九年にマイセンの地でヨーロッパ初の硬質磁器が誕生したのです。その後、ヨーロッパ各地で高級磁器が作られるようになりました。一〇八頁に、江戸時代の有田焼と現代のヨーロッパ磁器の写真を並べましたが、後者が前者の影響を受けていることがよくわかるのではないでしょうか。

次に絵を見ていきましょう。日本の浮世絵がゴッホやモネなど、フランスの印象派に影響を与えたことはあまりにも有名です。ゴッホは印象派を「フランスの中の日本人」と呼び、歌川広重の「大橋あたけの夕立」（名所江戸百景）を模倣して「雨の橋」という作品を

染付牡丹文手付水注（佐賀県立九州陶磁文化館柴田夫妻コレクションより）

ヨーロッパ磁器　現代のもの。図案などに、日本の磁器の影響が見られる

「日本趣味・雨の橋」 画：ゴッホ（ファン・ゴッホ美術館蔵）

名所江戸百景「大橋あたけの夕立」 画：歌川広重（資料協力：三菱東京UFJ銀行貨幣資料館）

描きました。フランスの画家たちは、浮世絵の簡潔ながら大胆な構図に影響を受け、当時主流だった写実主義の細かいタッチとは異なる、荒々しい筆致だけれど、光の変化の質感を表現する絵画を生み出しました。晩年、モネは日本趣味が高じて自宅に日本風の庭を作ったほどで、そこで連作『睡蓮《すいれん》』の制作に没頭しました。

　また、イギリスでは十九世紀から現在に至るまで、日本風の庭園があちこちに作られるようになり、こうした動きはアイルランドやスコットランドにまで広がっていきました。江戸時代に日本を訪れたイギリス人は、海と山と平地が互いに接近し合い、複雑な混合を形づくる、傾斜地の田園風景を見て、「これは田園風景ではない、庭園の景観ではないか」と感嘆したそうですが、イングリッシュ・ガーデンはこうした日本の風景の影響を強く受けているといわれます。

このように、古くから西洋人の日本社会や文化に対する関心には高いものがありました。明治一七年から三五年まで日本各地を旅したアメリカ女性の紀行作家エリザ・R・シドモアもその一人です。シドモアはワシントンに日本の桜を植樹したことでも知られますが、後に自国アメリカの日本人移民制限政策に反対してスイスに亡命し、生涯母国へ帰ることがありませんでした。

シドモアはこういっています。「私たちの泊まっている小さな家の仕切りの薄っぺらさは、濠に囲まれた敷地の無意味な城壁や城門と同様、盗人《ぬすびと》を誘惑しているように見えましたが、この理想郷には泥棒はいません」と（注2）。

今でも先進国で日本が最も犯罪発生率が少ない国であることは間違いありません。ですが、みなさんご存じのとおり、最近さまざまな社会問題がメディアを騒がせていることも事実です。中には思わず目を背《そむ》けたくなる事件もあります。はっきりいえば、これは日本が「欧米の悪《あ》しき後追い」をしてきたことによる副作用だと、私は考えています。そうした日本の行き詰まりは、もともと西洋に始まった近代世界の行き詰まりであり、その後追いをしてきたアジア的な世界の行き詰まりでもあります。

この講義では、繰り返して日本には「欧米化された日本」と「農耕アジア的な日本」と「前農耕アジア的な日本」の三つの世界があると述べてきました。そして、従来特殊であり、原始的であり、未熟であるという理由で無視されてきた縄文時代以来の「前農耕アジア的な日本」こそ、日本の伝統文化や最新技術、そして社会の基層をなしていると話してきました。こうした日本人の美意識が対立よりも調和を、格差よりも平等をもたらす社会をつくり上げてきたのです。実はそこに世界が見習うべき、「日本文化の未来性」があるといえないでしょうか。

ですから、こうした恵まれた国に生まれた日本の学生のみなさん、そしてそこに学びに来ている留学生諸君は、日本の中に世界的な「未来性」を感じ取ることができるはずなのです。そこから、これからの世界にどんな貢献ができるかを考えていってほしいと思います。単に経済援助や技術援助だけが国際貢献ではありません。日本文化の伝統や精神をいかに世界貢献に結びつけるか、この講義で自分なりの方法論を一つでも多く見つけて下さい。

次回の講義からは、より専門的で深みのあるかたちで、日本文化の真髄について語っていきましょう。

（注1）佐藤悌二郎「松下幸之助の自衛観」／『THE21』一九九四年十月特別増刊号所収
（注2）エリザ・R・シドモア著、外崎克久訳『シドモア日本紀行』講談社学術文庫

第七回　なぜ日本人は穏やかなのか

日本人の倫理道徳は乱れているように見えるが……

前回の講義では、最近日本でも痛ましい凶悪事件が増えているが、それは日本が近代に入り、「悪しき欧米の後追い」をしてきたことによる副作用ではないかということをお話ししました。とはいえ、今でも先進国で日本が最も犯罪発生率が低い国であることは間違いありません。一一六頁から一一七頁にその根拠となる資料（表1）を示しましたが、「殺人」「強姦」「強盗」の発生率のいずれも、日本はとても低いことがわかるでしょう。

たとえば、一般に外国人には、日本にはポルノが至るところで氾濫《はんらん》するなど、「性に乱れている」という印象があるようです。韓国でもよくそういういわれ方をします。しかし実際の社会では、強い儒教倫理やキリスト教倫理が行き渡っている韓国や西洋諸国よりも、個人を律する普遍的な価値観が一見何もないように思える日本のほうが、性犯罪、強姦事件の発生率がはるかに低いのです。表向きでは日本の倫理道徳は乱れているように見えますが、諸外国と比べれば、社会の秩序はいまだよく保たれているといえるのではないでしょうか。

何よりアジア人が日本に来て最初に持つ印象は、治安のよい安全な国であるということです。それは対立よりも調和を好む国民性の表われだともいえますが、ここであらためて学生に聞いてみましょう。日本の社会はなぜ安全なのですか。

〔日本人学生A——日本人の精神性の高さでしょうか……〕

では逆に、犯罪発生率の高い国の国民は、精神性が低いということなのかな。

〔同——そんなことはないでしょうけれど……。意識はあっても、内面化されていないのでは……というよりも、日本人はもともと気性が穏やかなんです〕

ありがとう。実はあなたがいってくれた「なぜ日本人は穏やかなのか」を考えるのが、今回の講義のポイントなのです。実際、外国人から見れば、日本人は非常に親切かつお人よしに見えるし、そのぶん騙されやすいともいえますが、なぜあんなに簡単に人を信用してしまうのか、不思議でなりません。

反対に日本人からすれば、大陸や半島の人たちは、政治問題一つとってもなぜいつもあんなに怒ってばかりいるのか、とても気性が荒い人たちだという印象を持つ人が多いのではないでしょうか。

今回は、歴史が始まる前のさらに神話の世界にまで遡って、どうして同じアジアの人なのに、「日本人＝穏やか」「韓国人＝気性が荒い」というう国民性のイメージの違いが生まれ

表1　主要15カ国の人口10万人中の凶悪犯罪・詐欺罪の発生認知件数：2000年

（カッコ内は総件数。スウェーデンと中国は1997年のデータ、アメリカは1999年のデータ、オーストラリアの殺人は1997年のデータ）

表1-1　殺人

1	ロシア	20.95（30,578）
2	韓国	9.92（4,692）
3	アメリカ	4.55（12,658）
4	イタリア	4.53（2,617）
5	スウェーデン	2.57（228）
6	中国	2.12（26,070）
7	フランス	1.78（1,051）
8	カナダ	1.76（541）
9	オーストラリア	1.72（318）
10	イギリス	1.61（850）
11	スペイン	1.49（589）
12	ドイツ	1.17（960）
13	オランダ	1.15（183）
14	スイス	0.96（69）
15	日本	0.90（1,148）

表1-2　強姦《ごうかん》

1	オーストラリア	81.41（15,630）
2	カナダ	78.08（24,049）
3	アメリカ	32.05（89,110）
4	イギリス	16.23（8,593）
5	スウェーデン	14.71（1,302）
6	フランス	14.36（8,458）
7	スペイン	14.34（5,664）
8	韓国	12.98（6,139）
9	オランダ	10.36（1,648）
10	ドイツ	9.12（7,499）
11	スイス	5.63（404）
12	ロシア	4.78（6,978）
13	イタリア	4.05（2,336）
14	中国	3.32（40,699）
15	日本	1.78（2,260）

表1-3　強盗

1	スペイン	1,258.89（497,262）
2	イギリス	179.73（95,154）
3	アメリカ	147.36（409,670）
4	オーストラリア	121.43（23,314）
5	オランダ	117.17（18,630）
6	ロシア	90.68（13,2393）
7	カナダ	87.70（27,012）
8	スウェーデン	75.04（6,641）
9	ドイツ	72.28（59,414）
10	イタリア	65.38（37,726）
11	フランス	41.26（24,304）
12	スイス	30.33（2,178）
13	中国	11.53（141,514）
14	韓国	9.56（4,524）
15	日本	4.07（5,173）

表1-4　詐欺《さぎ》

1	ドイツ	1,089.73（895,758）
2	イギリス	603.14（319,324）
3	スウェーデン	408.03（36,108）
4	韓国	287.96（136,206）
5	カナダ	278.15（85,669）
6	フランス	242.08（142,583）
7	アメリカ合衆国	133.74（371,800）
8	スイス	107.63（7,728）
9	イタリア	58.17（33,564）
10	ロシア	55.80（81,470）
11	日本	34.95（44,384）
12	中国	12.11（152,614）
（スペイン、オーストラリア、オランダはデータなし）		

※国連薬物犯罪事務所（UNODC……United nations Office on Drugs and Crime）がまとめた加盟国の届出統計数値より。

☆筆者コメント☆スペインの強盗件数が異常に多いのは、「路上首締め強盗」の蔓延《まんえん》によるものとみられる。中国の詐欺件数がきわめて少ないのは、詐欺罪の適用範囲（あるいは詐欺についての認識）が比較的厳格ではなく、他の諸国と異なるためかもしれない。日本は窃盗・横領・贈収賄についても、15カ国中最低レベルにある（UNODC統計数値）。

たのかを講義していきましょう。そこには、これまで何度も強調してきた「前農耕アジア的な日本」とは何かを解く鍵があるはずなのです。

太陽の光で妊娠する神話が意味するもの

現在の日本の学校では、神話についてほとんど教えていないそうですね。これは、きわめて残念なことです。たとえば、神話につながる王朝の系譜を残すのは、世界で日本の皇室のみですが、いまや多くの若い人がこうしたことを知りません。しかし、神話は日本文化をきわめてシンボリックに表現するものでありますから、学校で勉強していなくても、みなさんは常識として知っておかなければなりません。

大きく分けて神話の形式には、天の方向にある神様（太陽）を崇める「垂直神話」と、海の彼方にある水平線上の神様（太陽）を崇める「水平神話」の二つがあります。そのうち、北方アジア諸民族に多く見られるのが「垂直神話」であり、南方海洋性アジア諸民族に多く見られるのが「水平神話」です。重要なことは、日本にはその二つの神話の形式が融け合って伝えられてきたということです。より詳しく見ていきましょう。

日本の「垂直神話」の代表は、何といっても、天照大神の孫である邇邇芸命《ににぎのみこと》が高天原《たかまのはら》から日向《ひむか》（宮崎県）の高千穂峰《たかちほのみね》に降り立ったという天孫降臨神話でしょう。天照大神は、現在の皇室の祖先神であるという伝承からも、最も重要な神話といえるかもしれません。現場主義を信条とする私は、皇室の祖が降り立ったとされる場所を訪ねないわけにはいかないということで、高千穂峰に行ったことがあります。山の上の川辺や滝に霞がかかっている様子はもう神秘的な美しさそのもので、この世のものではないといった印象を強く持ちました。

こうした日本の天孫降臨神話と似た話は多くの北方アジア民族の間に見られます。朝鮮では天帝の子桓雄《ファンウン》が太伯山《テベクサン》の上の神檀樹《シンダンス》に降りてきて、地上の熊と結婚して檀君《タングン》が生まれ、朝鮮の祖となったという神話があります。ちなみに近年、北朝鮮では檀君の骨が発見されて実在が主張されたとし、王墓の復元まで行なわれ、観光名所となっていますが、もちろん作り話です。

また朝鮮以外にも、モンゴル、遼《りょう》、北魏《ほくぎ》、高車《こうしゃ》、突厥《とっけつ》といった北方アジア諸民族には天孫降臨神話があり、その内容は日本のものと実によく似ているのです。これから、父権的、遊牧的、天上神的な信仰を特徴とし、神霊が天の方向から降臨するという「垂直神話」の影響を日本の神話も受けていることがうかがえます。

しかし、一方で日本は南方海洋性アジア民族特有の「水平神話」が各地に数多く残されている国でもあり、そこがアジア大陸や朝鮮半島と異なる点です。海を照らす朝日にことさらな神意を思う旭日信仰《きょくじつ》が日本各地にあるのは、みなさんもご存じのとおりです。日本には垂直にやってくる神を物語る天孫降臨神話がありながら、一般には真上にいただく天なる父神のイメージはほとんどありませんね。むしろ、日本人の神様のイメージは、南方海洋性アジア民族に特有の、水平線上の海の彼方からやってくる母性的な神なのです。

島根県の島根半島北端には「加賀の潜戸《かかくけど》」と呼ばれる海岸洞窟があります。島根県一帯は古来出雲と呼ばれていましたが、ここは神々の国といわれるくらい多くの神様が祀られているところです。「加賀の潜戸」は、東と西、北のほうに大きな入り口があり、朝、太陽が昇る際は太陽光線が東から洞窟の中に射《さ》し込み、また日が沈む時にも西から光線が入るという洞窟ですが、面白い神話が残されています。『出雲風土記』により、その内容を次に要約してみます。

「佐太大神《さだのおおかみ》の母神であるキサカヒメが、加賀の潜戸で出産するにあたって、大切な弓矢がなくなってしまった。そこでキサカヒメは次のように誓いの言葉を述べた。『私の産んだ子がマスラカミ（正しい神）の子であるならば、なくなった弓矢よ出てきてください』。すると、水のまにまに角製の弓矢が流れてきた。キサカヒメはそれを手に取ると、生まれたばかりの佐太大神に向かって『これはなくなった弓矢ではない』というと投げ捨ててしまった。

次に金の弓矢が流れてきた。キサカヒメはそれを手に取ると、『なんて暗い洞窟なのか』といって、金の弓矢で洞窟を射通した。そのときに（カカと）光り輝いたので、ここを加賀という」

この神話の意味を解説しますと、金の弓矢で洞窟を射通して内部が光り輝いたというのは太陽の光が射し込んできたことを意味し、その時に生まれた佐太大神が太陽の子であることを意味しているのです。

同様に、沖縄には「太陽の穴」と呼ばれるトンネル状の洞窟があり、東の彼方の水平線上に昇る太陽（沖縄ではテダと呼ぶ）から射し込む光線を神様と信じる信仰が古くからあるそうです。この海岸洞窟では、一年に一度ひとりの老婆が七日七夜水だけ飲んで海水で禊《みそぎ》をしながら、そこにこもります。そして八日目の朝、老婆の介在を受けて太陽が誕生し、沐浴《もくよく》するのだそうです。誕生した太陽とは再生を果たした新たな太陽、つまり太陽の赤ちゃんを意味します（注1）。

いずれの伝承も、海の彼方の水平線上に昇る太陽光線を受けて新たな生命がもたらされるという点が共通しています。それは、風とか太陽光線とか、およそ自然物に触れる（感応する）ことによって女は妊娠するという、人間と自然を同一視した初期人類の時代、日本でいえばこれまで講義で何度も強調してきた縄文時代以来の「前農耕アジア的な世界」の自然観を想像させています。

ヤポネシアとしての日本

従来、日本は中国大陸近傍《きんぼう》にあり、その影響を強く受けた島国であるという発想が強かったように思います。しかし、もともと日本は海＝太平洋へ広く開かれた島々の集まりであり、日本文化の基層には南方的な要素が幾重にも積み重なっているのです。このように日本を大陸につらなる島国ではなく、海に開かれた海洋国家、諸島群としての日本＝ヤポネシア（注2）として捉えることで見えてくるものがたくさんあると、私は考えています。

これまで私は、日本各地を歩き訪ねて現地の信仰やお祭りを研究してきましたが、そこには明らかに海の彼方にタマシイの原郷を思う、ヤポネシアとしての日本を想像させるものが数多くありました。たとえば、海水で禊をするという習俗は、各地のさまざまな祭事や神事の中で今なお行なわれています。

また、日本の昔話には子どもが水界の彼方から流れてくるという伝承がたくさん見られます。川上から流れてきた桃の中から赤ん坊が生まれたという桃太郎伝説、お椀《わん》の舟に乗って京の都に流れついたという一寸法師の物語は、日本人なら誰でも知っているでしょう。さらに、全国各地にある貴種流離譚《りゅうりたん》（注3）や「小《ちい》さ子」の伝承などが知られ、ヤポネシアとしての海の彼方への不思議な憧れがうかがえます。

ところで、ヤポネシアにとっての「海の彼方」とは「あの世」のことでもあります。そこは海の彼方にある別世界と思われ、この世に豊かな稔りをもたらしてくれる永遠の世と信じられていたのです。中国人や韓国人と違い、日本人にとっての「あの世」は隔絶した天空の世界にではなく、海岸から少し望んだ島や海底、村落の裏山や村境の先にある野といった、生活圏からさほど遠くない身近な世界に思われるのが特徴です。

このように日本文化の基層にあるのは、豊かな恵みをもたらしてくれる自然界への信仰なのです。そして、日本人が気配り上手であり、なるべく相手の立場に立って物事を考えようという穏やかな性格になったのも、豊かな自然に恵まれた南方海洋性アジアの世界を、自分たちの原郷として、母なる世界として思慕《しぼ》し続けてきたことから培われたものではないでしょうか。

これに対し、寒さの中で厳しい自然条件にさらされて生きなければならない北方アジア民族は、自然は恵みをもたらしてくれる存在ではなく、あくまで対抗、征服していく存在なのですね。ですから、民族の性格もどうしても能動的、攻撃的、父権的なものにならざるを得ない。それを象徴するのが、天から神が降り立って地を治めるという垂直的な天孫降臨神話です。

日本では南方的な「水平神話」と北方的な「垂直神話」の両方があり、それらが融合・循環《じゅんかん》して信仰が形成されてきたことが特徴だといいましたが、重要なのはヤポネシアならではの母性的な宗教意識を主体として、その中にアジア大陸系の父権的な宗教意識を融合していったのであり、その逆ではないということです。世界的にいって、大地はどこでも母なるものであり、太陽は父なるものであるのが一般的です。しかし日本では、太陽神

伊勢神宮の御稲御倉（写真：水島良太）

が女神＝母となっていますね。これもヤポネシアという南方的な母性的宗教意識の作用によるものなのかもしれません。

上は、その天照大神を祀る伊勢神宮内にある御稲御倉《みしねのみくら》（神田《しんでん》から採れた稲を納める倉庫）ですが、船を逆さまにしているような感じを受けないでしょうか。

〔日本人学生B——今までそのように考えたことはありませんでしたが、講義を受けてそういわれてみると、そんな気がします〕

また内宮の正殿は檜《ひのき》の白木の柱を直接地中に埋める掘立式の建物で、床を高く張る高床式の造りをしています。こうした柱を立てる柱文化は南方海洋性アジアに特有のものです。これに対し、大陸や半島は壁をもって建てる壁文化であるという違いがあります。日本では古代の寝殿造りにしても、中世の書院造りにしても、壁で部屋と部屋を完全に分けるという発想が薄く、薄い襖《ふすま》で仕切られているのでいつでも取り払えるようになっています。これも、南方的な住居の特徴だといえるでしょう。

アジア大陸と対峙する以前の古い歴史をもつヤポネシアとしての日本は今なお、海の彼方への憧れを保ちつつ、これからも自然の恵みに感謝する穏やかな人であり続けるのかもしれません。

（注1）谷川健一「太陽の洞窟」『埋もれた日本地図』筑摩書房刊所収より。
（注2）ヤポネシアは近代文学者島尾敏雄氏の命名。
（注3）神あるいは身分の高い人物やその子弟などが、何かのことで居住地や生地を追われ、身分の低い者の姿に身をやつして諸国を放浪するといった伝承。

第八回　日本はいかにして「アジア文明の博物館」となったのか

岡倉天心とフェノロサ

みなさんは、岡倉天心という名前を聞いたことがあるでしょうか。

〔日本人学生A——高校生の時、習ったような気がします。たしか、明治時代の美術家ではなかったでしょうか〕

よく答えてくれましたが、美術家というと少し違います。天心は絵を描きもしましたが、美術表現に生きたというよりは、美術研究家ですね。日本美術史を初めて体系的に論じた人物であり、さらには独自のアジア思想を展開した人物です。

岡倉天心は、元越前福井藩士で藩命により横浜で店を構えていた生糸商人の子として生まれ、幼少の頃から漢籍と並んで英語の勉強に励みました。その後、東京外国語学校、東京開成学校を経て、東京大学文学部に編入学したのは、十四歳の時。当初は政治学、経済学を学んでいましたが、お抱え外国人、アーネスト・フェノロサとの出会いが一つのきっかけとなって、美術の道を志すようになります。

フェノロサは、日本の古美術品を蒐集《しゅうしゅう》するうちに本格的に日本美術の研究の道に入ることになった人で、天心はいわばその弟子として美術の世界を志すのです。彼らが古社寺の調査の一環として法隆寺夢殿《ゆめどの》を訪れた際、秘仏として百年以上封じられたままになっていた救世観音《ぐぜかんのん》像を、学術調査の目的で開けたというエピソードはあまりにも有名ですね。

天心を語る際に半ば伝説と化しているのが、彼が洋行中に「アー・ユー・ジャパニーズ、オア・チャイニーズ、オア・ジャワニーズ?」と聞かれたのに対し、「アー・ユー・ア・ヤンキー、オア・ア・ドンキー（ロバ）、オア・ア・モンキー?」と言い返したというものです。その真偽のほどはわかりませんが、極端な欧化政策が進む文明開化の風潮の中で、天心は西洋思想の盲目的な崇拝を批判し、むしろ東洋文明の偉大さ、日本美術への復帰を主張したことは、間違いありません。天心が西洋絵画一辺倒であった工学校付属の工部美術学校に対し、日本画を中心とした東京美術学校（東京藝術大学の前身）を創立したのは、明治二〇年（一八八七）のことでした。そこからは、日本美術を世界に広めた横山大観、菱田春草《ひしだしゅんそう》など、大勢の美術家が育っています。

「柔和な単純さ」と「浪漫的な純粋さ」

天心は明治以前の、つまり近代以前の日本における外来文化の受け入れと展開の仕方を初めて総合的に分析した人でした。天心によれば、近代以前のアジア文化はすべてインドの理想（仏教）と中国の倫理（儒教）の圧倒的な影響下にあり、日本もその例外ではありません。天心の著作『東洋の理想』の冒頭に掲げられた「アジアは一つだ」という言葉は、西洋文明に対するアジア文明全体の覚醒を促《うなが》したものとして位置づけられています。

かといって、天心はアジア内部の文化の地域性や異質性を否定しているわけではないのです。とくに日本においては、アジア文明の偉大な二つの極から押し寄せる影響を時代ごとに受けながら、その独自の「原始芸術の根源的精神」は揺らぐことはなかったとします。天心のいう「原始芸術の根源的精神」とはどんなものか、『東洋の理想』（注1）から引用してみます。

「波打つ稲田の水、個性へ導きやすい群島の多彩な輪郭、その柔らかな色合いの季節の不断の変化、その白銀の空気の薄光、その滝のかかった丘の翠微《すいび》、松の連なる海べにこだまする大洋の響き、――これらすべてのものから、日本の芸術の精神をあのように和らげているところの、あの柔和な単純さや、あの浪漫的な純粋さやが生まれた。そしてこれが、日本の芸術を、支那《しな》芸術の単調な幅への偏向や、インド芸術の過度の豊富さへの傾向から、一挙に区別するものなのである」

これまで私は講義で、日本文化の起源は自然風土的な、縄文的な、南方的な「前農耕アジア的な日本」にあると述べてきましたが、天心のこうしたいい方は、私の日本文化に対する理解と重なるものがあります。私の見方でいえば、そうしたベースがあり、その上にさまざまな外来文化を受容してきたことが、日本文化の独自性を生んできたということを天心はいっているわけです。

引用前半部分の日本の風土については、この講義でも説明したことがありますので、みなさんも理解できるでしょう。日本の景観はいつも少々霞がかっていて、輪郭も色彩も曖昧で微妙なのですね。日本では色彩もくっきりと鮮やかなものよりも、淡い色や中間色のほうがより好まれるのは、日本的景観の中で感受性が培われてきたことを考えれば、当然のことなのです。

一方、引用後半部分の中国芸術やインド芸術と日本芸術の違いについて述べたところは、美術史に馴染みのない人にはちょっとイメージしにくいかもしれません。そこで、早速写真を使って、インドや中国、日本の美的感性の違いを見ていきましょう。参考としてあげるのは、それぞれの国の寺院の写真です。とくに屋根に注目してください。

まず、インドのブッダガヤの中心にあるマハーボーディ寺院です。ブッダガヤはブッダ生誕の地とされ、仏教で最も重要な聖地となっています。マハーボーディ寺院は、非常に鮮やかな色彩をしており、また、屋根には彫刻が細かくびっしりと刻まれています。

もうひとつは、中国の玉仏寺《ぎょくぶつじ》です。一八八二年と比較的最近に建立され、上海では最も参拝者が多い名刹《めいさつ》です。屋根が終わりのところで空に向けて尖《と》がっているのが特徴です。中国にはこうした屋根を持つ寺院が多いですね。

さて一三四頁の写真は、日本のお寺ですが、どこでしょうか。これが答えられなければ日本人とはいわせませんよ（笑）。

〔日本人学生B――清水寺《きよみずでら》です〕

そうです、京都の清水寺ですね。インドや中国の寺院と比べて装飾は単純であり、屋根

インド・ブッダガヤのマハーボーディ寺院（写真提供：フォト・オリジナル、以下同）

中国・上海の玉仏寺

清水寺

のカーブがとてもなだらかなことがすぐにわかると思います。
天心によると、日本の「原始芸術の根源的精神」は、中国建築の傾斜した屋根を春日《かすが》式（伊勢および出雲の神道形式の一発展）の優美な曲線によって修正したのです。外来文化を日本独特の「柔和な単純さ」「浪漫的な純粋さ」で変えていくあり方の例を、今、みなさんに写真で見てもらったわけです。

雪舟の水墨画は「山水を師とす」

天心は、日本初の体系的な美術史の作成者でもありました。天心は、日本の美術史を東洋の美術史の中に組み入れ、さらに東洋の美術史を世界の美術史の中に組み入れ、日本の美術を世界の美術の最後の流れとして位置づけています。大きくはアラビア、インド、ギリシャ、ペルシャに発する世界美術の流れがある。それらの流れがさまざまな時代に出合い、流入し合っていった壮大な世界美術の流れの中で、時間的にも空間的にも最後に流れ込んでいったのが日本だった――そういう理解でよいでしょう。

天心はその文明観から、近代以前の日本の美術史を独自に大きく次のように三つに分けています（注2）。

①奈良朝時代
推古《すいこ》朝時期（飛鳥）
天智《てんじ》朝時期（白鳳）
天平《てんぴょう》時期
②藤原氏時代（中世）
弘仁《こうにん》時期
藤原時期

鎌倉時期
③足利氏時代（室町時代）
東山時期
豊臣時期
徳川時期

そして、天心はそれぞれの時代の美術を次のように特徴づけています。

①奈良朝時代………「理想」の時代
②藤原氏時代……「感情」の時代
③足利氏時代……「自覚（自ら覚《さと》りて作る）」の時代

天心は室町時代の東山時期の美術を最高とし、そこに日本美術の最も研ぎ澄まされた表現を見ました。とくに注目したのが、雪舟《せっしゅう》や雪村《せっそん》に代表される水墨画でした。それは、「藤原および鎌倉期の強い、調子の高い描法と彩色も、その繊細な曲線も」退《しりぞ》けられた、

「簡単な水墨の小品と、いくぶん奔放な線」の登場であり、足利時代の「典雅な衣装を脱ぎ捨て」「はかまを着けた」新しい思想は、「芸術の外来の諸要素を奪い去ることと、表現をできる限り単純にそして直截にすること」であったと語られるものでした。

禅宗文化とともに中国から日本に水墨画が伝えられたのは、鎌倉時代と考えられます。これを室町時代に完成させたのが雪舟です。雪舟は備中国《びっちゅうのくに》（今の岡山県）に生まれ、京都の相国寺《しょうこくじ》で禅の修行を積むとともに、周文《しゅうぶん》について水墨画を習いました。さらに、応仁《おうにん》元年（一四六七）に明に渡航。水墨画の本場中国で本格的に絵の研究をしようとしますが、のちに弟子には「中国に師とすべき人はいなかった」と語っています。これは、どういうことなのでしょうか。

中国数千年の絵画史の中で最高峰に達した絵画は、宋元時代——北宋（九六〇—一一二七）、南宋（一一二七—一二七九）、元（一二七一—一三六八）——のものだったとされます。また天心は、南宋の時代、中国の文人たちによって「禅宗文化」が生まれ、ここからアジアは精神による本格的な文明化への道を歩み始めたといいます。

しかし、南宋は元の圧迫を受けて一二七九年に滅亡しています。以後、異民族の支配下に置かれた中国は、文化の連続性が途絶えて、南宋文化は次第に消え去る運命にありました。雪舟が大陸に渡った明の時代には、もはやよき水墨画の伝統と精神は失われ、師としてついて学ぶ人が誰もいなかったという事情があったのです。

そのため、雪舟は雄大な中国の自然に触れながら、つまり、「山水を師」としながら独自の観察眼を磨いていくことになりました。とくに南宋のあった長江以南は山あり、谷あり、川あり、そして湿気が多く霞がかった景観ありと、日本の自然と極めて似た風土でした。こうして日本に帰った雪舟は、周文に教わった宋元風の水墨画に中国で身につけた自然に対する観察眼を加味して、日本の風景を描いていくことになります。

さらに、日本の水墨画が独自の発展を遂げたのは、それまでの大和絵の伝統があったからでした。大和絵は、平安時代前期頃に唐絵の影響を受けて生まれたとされ、平安時代後期には徐々に唐絵の影響を脱して「源氏物語絵巻」に代表されるような、丁寧に施された鮮やかな色彩を特徴とする日本独自の絵画となっていきました。

雪舟がのちに禅の世界から脱し、独立した世界観を持つ水墨画を完成させることができたのは、こうした日本画の流れがあったからで、その流れは江戸時代の浮世絵にも影響を与えているといわれます。

では、中国の水墨画と日本の水墨画を比較して具体的に何が違うのでしょうか。まず、

四季山水図（部分、雪舟筆、毛利博物館蔵）16mにわたる長大な画面に、移り変わる四季の景色を描き、その自然の中に暮らす人々を描き出している

中国の水墨画はスケールの雄大さ、重厚さ、端麗さを重んじ、淡い墨色を使っても表現する世界は「濃い」のが特徴です。一方、日本の水墨画はその影響を受けつつも雅《みやび》やかであり、そこには幽《かす》かな禅の世界、「わび・さび」の精神が表わされ、濃い墨色を使っていても、その表現世界は「淡い」のを特徴とします。この対比を、先ほどの中国と日本の寺院の違いに重ねてみてもいいでしょう。

ここで再び天心の話に戻りますと、こうした雪舟の水墨画に象徴される美術世界は、茶道、華道、庭などの文化にまで拡張され、日本美術の「外国に比すべきものあらず」というべき独自性を生んだとされます。そして、その精神性の特徴はやはり「わび・さび」であり、「花鳥風月」との一体化の極致にあるのです。ちなみに「自然」という言葉は明治時代に外国語を翻訳してできたもので、それまでは「花鳥風月」といういい方をしていました。「花鳥風月」という言葉は外国語を訳した「自然」という言葉よりも、人間と自然は一体であるという「前農耕アジア的日本」のあり方が強く込められていると、私は思います。

日本のみに残る、アジア文化の標本

ところで天心は、『東洋の理想』の中で、「アジア文化の史上の富を、その秘蔵の標本によって連続的に研究することのできるのは、ただ日本においてのみである」と述べ、その理由は、「万世一系の天皇をいただくという無比の祝福」「かつて征服されたことのない民族だという誇らかな自恃《じじ》」「祖先伝来の観念と本能とを、その拡大を犠牲として守りおおせた島国的孤立」にあるということです。

ひるがえって中国やインドでは、異民族の侵入、王朝の覆滅《ふくめつ》交代、国内動乱などが歴史上幾度となく起こったため、文化遺産もその精神性も継承されにくかったというのです。

だから、たとえば唐代の文化について研究したければ、奈良の寺院でその影響を見るしかないし、宋元時代の精神文化は、雪舟が描いた水墨画の中に見るしかないのですね。

とくに私は、日本が異民族の侵略を受けたことがないという側面が大きいと思います。これは島国という地政学的な理由によるもので、日本文化の宿命とさえいえるでしょう。こうして日本は、「アジア文明の博物館」、あるいは「それ以上」のものとなっていると天心はいいます。

この、「それ以上」とは、日本文化が古いものを捨てるのではなく、そこに新しいものをミックスして独自のものに変えるという、世界でも稀《まれ》な性質を持っていることを意味しています。もちろん日本には、東洋思想のさまざまな波を受け止めてすでに完成の域に達し、もはや動かずに見える文化もたくさんあります。しかし私は、新旧の文化が循環しつつ絶えず生まれ変わってきたその性質を考えれば、むしろ何かきっかけさえあれば、いわば休火山が噴火を始めて新たな覚醒《かくせい》の時を迎えることも、これから大いに起こり得ると思うのです。

（注1）岡倉天心著、浅野晃訳『東洋の理想』角川文庫刊（原著は一九〇三年ロンドン刊の英文）
（注2）「日本美術史」／『岡倉天心全集4』平凡社刊所収

第九回　日本語はなぜ「受け身」を多用するのか

「泥棒に入られた」は日本語独特の表現？

先日、大学院時代の友人と久しぶりに話をする機会がありました。彼は英語が専門であり、とくに、一定のテーマについて賛否二つのグループに分かれて行なう討論「ディベート」について、アメリカに留学して徹底的に学んできたとのことでした。しかし帰国後、彼が思ったことは、「日本語文化にはディベートが合わないのではないか」ということだったそうです。

たとえば、彼のお母さんは、たとえそう思っていたとしても、「温泉に行きたいわ」という言い方はしないそうです。必ず、「どこどこの温泉はいいらしいね」という言い方になるそうなんですね。ところが、英語的発想が身についてしまった彼としては、そうした曖昧な表現には、「お母さん、ちゃんとはっきり言ってよ」と、かえってイライラするそうです。また一方で、彼のお母さんも、「なんでうちの息子は私の気持ちを察してくれないんだろう……」と、ストレスがたまってしまうらしいんですね。

結局、彼は英語と日本語の成り立ちを比較、研究してみたところ、互いの意見をぶつけて議論し合うような「ディベート」を日本語で行なうには、どうも無理があることに気づいたそうです。また同時に、日本語のよさが少しずつ見えてきたとも言っていました。
日本でも最近は、「私が、私が……」と自己主張を繰り返す人が増えてきたといわれますが、まだまだ欧米や他のアジアの国の人びとに比べれば、自分の主張を前面に押し出さず、他人の立場で考えられる人が多いように感じます。私は、日本語の表現自体にそうした国民性を生み出す素地があるのではないかと考えています。それが端的に表われているのが、いかに「受け身」（受動態）が日本語では日常的に多用されているか、ということです。

いうまでもなく、日本語の「受け身」は、助動詞「れる」「られる」を用いて表現しますね。ところが、世界には「受け身」そのものがない言語が多くありますし、また英語などにも「受け身」があるとはいえ、日本語ほどそれを多用する言語はやはり珍しいのです。

現代の文法でいう受け身（受動態）とは、通常「あるものが他のものに働きかける動作を受ける側を主役（主語）にして述べること」ですね。つまり、「叱る」「押す」「蹴《け》る」「打つ」など、明らかに他のものへの働きかけの動作を示す言葉について、受け身という位置があるわけです。ですからたいていの言語では、受け身はもっぱら他動詞についてのみ用いられます。

ところが日本語では、自動詞でも受け身で用いられることがしばしばあるのだから不思議です。外国語では受け身がつくれない自動詞なのに、日本語では普通に受け身で使っている例をいくつかあげてみましょう。


「女房に逃げられた」

「泥棒に入られた」

「ああ、先に座られちゃった」

「そこに寝られると通れない」

「そばで煙草を吸われるのは嫌だ」

「あなたに死なれると困る」


いずれも間接受け身で、とくに「迷惑受け身」といわれているものですが、日本語にしかない話法です。

「逃げる」「入る」「座る」「寝る」「吸う」「死ぬ」のいずれも、他のものに働きかける動作ではありません。それなのに、日本語では当然のごとく受け身で使われています。

こんなふうに、日本語では、外国語ではあまり使われない受け身のいい方ばかりではなく、受け身そのものがつくれない動詞に至るまで、受け身が多用されます。いったい、どういうわけなのでしょうか。

みなさん、これらの言い方を日常的に使っていますよね。しかし、こうした「迷惑受け身」は多くの言語に直訳することはできない、日本語独特の表現なのです。実際、「泥棒に入られた」などというい方は、韓国語にはありません。必ず、「泥棒が入った」という能動態的な表現になります。そもそも、韓国語では、「迷惑受け身」であるかどうかにかかわらず、「受け身」そのものが日常的には使われない傾向があります。一方、中国語ではどうでしょうか。

〔中国人留学生A――中国語の「受け身」は、日本語のように動詞を変化させず、前置詞「被」を用いて表現します。でも、たぶん「泥棒に入られた」といういい方はしませんね。「泥棒が入った」となります。またその場合、「泥棒が入った」だけでは、誰の家かわかりませんから、実際は自分の家だったという意味で、「泥棒がうちに入った」となるでしょう〕

よく答えてくれました。以前、私は何人かの中国人留学生に聞いてみたのですが、やはりこうした「迷惑受け身」はほとんど使われないそうです。

もちろん、日本語でも「泥棒が入った」という能動態的ないい方はされますが、それが他人の家ではなく、自分の家の場合は、「泥棒に入られた」という「受け身」を使うのが一般的でしょう。

責任は私にあるという発想

ここで問題となるのは、同じことを説明するのに、なぜ日本語では「受け身」を使い、中国語・韓国語では使わないかです。

普段、学生のみなさんはそんなことを意識したことがないだけに、すぐにはピンとこないと思います。そこで、話をわかりやすくするために、私自身の体験を交えてもう一つ例を挙げましょう。

ある日、私が友人の日本人と一緒にタクシーを待っていた時のことです。やっとつかまえたと思ったら、物陰に隠れていた人がスーッと現われて、先にひろってしまったんです。

こんな場合、日本人はどんないい方をしますか。

〔日本人学生A――先に乗られてしまった、と〕

そうなんですね。まさに、その時、私の友人の日本人はそういいました。この、友人がふともらしたひと言に、私はたいへん驚いたんです。なぜなら、韓国ではそういう場合、「先に乗られてしまった」などという言い方はせず、必ず、「あの人が先に乗っていってしまった」という言い方になるからです。この二つは同じことをいっているように見えて、心に及ぼす作用がまるで異なります。

「先に乗っていってしまった」という言い方には、相手の行為を非難するばかりで、自分の行為を省みようとする気持ちはほとんど感じられません。一方、「先に乗られてしまった」という言い方には、別の人の存在に気がつかなかった自分のほうこそ迂闊《うかつ》だったというような、自責の念すら私には感じられます。これは次のように主語を補うことで、よりはっきりするでしょう。「(私が)先に乗られてしまった」。

先ほどの「泥棒に入られた」「泥棒が入った」という例についても、同じことがいえます。韓国語には「泥棒に入られた」といういい方はありませんから、「泥棒に入られた」と同じ反省的なニュアンスを伝えたければ、「自分の家の管理が甘かった」などと言葉を足すしかありません。何げない言葉の使い方にも、日韓両国の国民性、文化の違いが表われているといえます。

ところで、今日は英語の先生がこの講義を聴きにきてくれていますので、ちょっと質問してみましょう。「迷惑受け身」の表現は、英語ではどうなりますか。

〔英語の先生——「財布を盗まれた」など、主語の「所有物」が「——された」場合は、「I had my purse stolen」というように、英語では「had＋目的語＋過去分詞」という表現になりますね。

しかし、英語にもたとえば「奥さんに逃げられた」などという表現はありませんね（「I was run by my wife」とはいわない）。同じ意味を表わす場合は、「My wife left me」（妻が私のもとを去った）といういい方になるでしょう〕

ありがとうございました。これまでみなさんが学校でさんざん習ってきたように、もちろん英語にも「受け身」があるわけですが、日本語の「迷惑受け身」の中には、英語に直接翻訳できないものがたくさんあるようですね。

やはり韓国語でも、「女房に逃げられた」といういい方はしません。必ず「女房が逃げた」となります。ですから、日本の男性が「女房に逃げられた」といういい方をすることに、私は当初、不思議さを感じていました。そこで、どういうことなのかと、実際にそういう経験がある人に聞いてみたことがあるんです（笑）。すると彼は、奥さんを守ってやれなくて情けないと、やはり自分の責任を認めるようないい方をするんですね。

確かに、「女房に逃げられた」といういい方をされた場合は、それを聞いている第三者としては、何となく頼りない人だなという気持ちに、自然になってくるんですね。一方で、「女房が逃げた」という場合、聞いている第三者は家を勝手に放棄《ほうき》してとんでもない人だと、むしろ奥さんのほうを責める気持ちになります。このように、日本語独特の「迷惑受け身」には、それを受けた側にも責任があることを問題にする発想が潜《ひそ》んでいるように思えます。

「君を恋する」と「君に恋する」の違い

さらに、日本語の「受け身」表現で興味深いことは、「尊敬」「可能」「自発」の意味も、同じ「れる」「られる」の助動詞で表わされることです。中学校で習う文法の授業の復習になりますが、それぞれの使い方の例を次に挙げましょう。

「受け身」……先生に叱られる
「尊敬」………社長が来られる
「可能」………野菜を食べられる
「自発」………故郷が思われる

「れる」「られる」がどの意味で使われているかは、前後の文脈によって判断するしかないのですが、外国人の日本語学習者にとっては、これが混乱の一つにもなっています。なぜ「受け身」と「尊敬」「可能」「自発」の表現が同じになるのか、あらためて考えてみましょう。

そもそも、「受け身」「尊敬」「可能」の意味の起源は、すべて「自発」の意味から派生して生まれていったとされます。「自発」とは無意識にしてしまうこと、いい換《か》えれば、自分を超えた存在や力によって自然に起きることを表わす意味の時に使います。この「自発」を起源として、自分を超えた存在や力に対する敬意を表わす「尊敬」、本当は自分の力ではできないのだけれど、超越的な力によってできるようになってしまうことを表わす

「可能」、また、超越的なものによって自分は動かされていることを表わす「受け身」の意味が、派生して生まれていったと考えられるのです。

では、その超越的な力を及ぼすものとは何なのでしょうか。神さまといってもいいですが、日本の神さまというのは自然の神々、実質的には自然ですね。四季に恵まれた日本の風土のあり方は、人びとの自然に対する絶対的な受け身志向を生んだわけですが、そうした志向は「受け身」に限らず、今も使う日常的な日本語の言葉の端々にも表われていると、私は考えているのです。たとえば、物事があまり上手くいかず、私が悩んでいたとしますよね。あなたはどんな言葉で慰めてくれますか。

〈日本人学生B――なるようになりますよ、って〉

なるほど。でも、なるようになるって、実際にどうなることをいうのですか。自分の意志は関係ないですか？

〈同――自然に任せたほうが上手くいくよ、ということです〉

そうなんですよね。今は寒い冬なので苦しんでいるかもしれないけれど、そのうち暖かい春が来るから、ちょっと待っていようと。そこには、あたふたするよりも、自然に任せてしまったほうが結果的に上手くいくという、どこか信仰にも近い気持ちが感じられます。

他にも、「他力本願」という言葉があります。この言葉は、他人任せで自分の意志がない人という意味から悪く使われる場合もありますが、もともとは自力だけでは極楽浄土へ行くことはできないけれど、南無阿弥陀仏《なむあみだぶつ》さえ唱えていれば、仏様が救って下さるという浄土宗の教えからきています。

これと似た言葉を探すとすれば、「おかげさまです」といういい方になるでしょうか。日本人に「お元気ですか」というと、「ええ、おかげさまで」という返事がよく返ってきますが、この「おかげ」とは、自然の神々や仏様、あるいはご先祖様の霊のことを意味しています。日本人が「おかげさまです」という時は、神々や周囲の人びとの助けに対する感謝の気持ちを自然と表現しているのでしょうね。

さて、最後に学生諸君。「君に恋する」という言葉と「君を恋する」という言葉は今でも両方使うと思いますが、それぞれどんな心の状態を表わしているか、わかりますか。この「君に」と「君を」の微妙なニュアンスの違いを、たとえば英語の「Love」を使って表現することは難しいでしょう。あなたはどうですか。

〈日本人学生C――「君を恋する」のほうは、恋がしたくて自分から相手に恋する気持ち。「君に恋する」のほうは、君によって自分が巻き込まれていく感じを表現していると思います」

さすがに、あなたは日本人、両者の違いがわかるんですね。実は、韓国語には「君に恋する」に類する表現はなく、当初私はその含意《がんい》を理解するのに苦労しました。

もともと日本では奈良時代までは、「君に恋《こ》ふ」といって、「君を恋ふ」とはいわなかったそうです。古代の日本人にとっては、こちらから思う心ではなく、自然に向こうに惹《ひ》かれていく心こそが、「恋ふ」と感じられたのでしょう。

しかし、平安時代には、「人を恋ふ」というように、「に」ではなく「を」をつけることが一般化されるようになりました。こちらから相手を思う心に意味の中心が移っていったため、語法も変化したのだといわれています。

とはいえ、「君に恋ふ」のが恋心の核心にあることに変わりはありませんでした。『源氏物語』でも、社会的には恋愛関係になってはいけない相手なのに、とめようもなく相手に惹かれていく人の心がさまざまに描かれています。そこには否定しようにも否定できない、もうなるようになれと肯定するしかない——自然の流れに身を任せていくしかない脆《もろ》い人の心の「哀れさの美学」が感じられます。そして、こうした恋に対する受け身な感覚は、先ほどの学生が答えてくれたように、少なからず現代の日本人にも受け継がれているのではないでしょうか。

もちろん、キリスト教文化圏、または儒教文化圏の人にとっても、恋のどうすることもできない苦しさは同じでしょう。また、だからこそ、そこでの心の葛藤《かっとう》が描かれもします。しかし、そのどうしようもなさを、人為を超えた自然の働きに重ねていくような美学は、日本人ならではのものではないでしょうか。

「人を恋する」美しさに対して、「人に恋する」美しさがある。日常の何気ない言葉の一つひとつが、あらためて日本文化の本質について教えてくれるような気がします。

第十回　なぜ日本庭園にいると想像が膨らむのか

石組みのルーツはどこにある？

みなさんはお庭といいますと、石があって、池があって、木があって……と、世界中どこにでも日本の庭と同じようなものがあると思うかもしれませんが、もちろん、そうではありません。西欧や中東の典型的な庭園は直線が多く、幾何学的な形をとっているのに対し、日本庭園は曲線が多く、明らかに自然の風景を手本としています。

その一方で、日本庭園は韓国庭園のように自然をできるだけ忠実に模《も》したものともまた違います。実は、韓国風の庭園を日本人に案内すると、「お庭はどこからですか」と言われてしまうことがあるんですね。というのも、韓国で名庭園と呼ばれるところの多くは、日本でいえば自然公園のようになっており、高い木々の間に続く道をしばし歩けば、やがて池が現われ、丘が現われ、小川のほとりに小さな茅葺《かやぶ》きの水車小屋が現われといった感じなのです。

ですから、逆に韓国の庭やせいぜい西欧風のガーデンにしか接していなかった私は、当初日本庭園を見て、頭が混乱してしまった覚えがあります。異様に圧縮され変形を受けたその自然の形は、韓国の名庭園のように直接自然の清々しさを肌で味わうものではなかったのですが、そこには何かが潜んでいて、精神に不思議な刺激をもたらしてくれるようにも感じました。そのうち、ミステリアスな想像世界に遊ぶことに喜びを感じるようになっていき、私は日本庭園の独自な表現の形式に自《おの》ずと入っていけるようになったのだと思います。

そこで今回は、時代ごとに日本庭園がどんな変遷を辿ってきたのかを追いつつ、その底流に流れるものは何かを考えていきましょう。

日本庭園の特徴の一つは、石を「組む」ことによって景観をつくり出していくことにあります。世界最古の庭園書といわれる『作庭記《さくていき》』という平安時代の書物に、さまざまな石の組み方が書かれています。石組みでは、たとえば中国の神仙思想で説かれる三神山の一つである蓬萊山《ほうらいさん》を表現したり、不老長寿の意義から亀島《かめしま》や鶴島《つるしま》を表現したり、仏教の宇宙観で世界の中心にそびえるとされる須弥山《しゅみせん》を表現したりします。どれも人間にとっての理想的な世界を表わしたものなのですね。

石組みは古くは立石《たていし》と呼ばれたように、組むというより立てるという意識で行なわれていたのだろうと思います。いけ花も古くは花を立てるといいました。

では、そもそも日本庭園の石を組むというルーツはどこにあるのか。それはまさに大陸文化が伝わる前の、縄文時代以来の自然信仰に求めることができます。古くから日本人は、海や川、山にある天然の石に、その彼方からやってくる神が宿るとして神意を感じ、「磐《いわ》座《くら》」（神の御座所《ござしょ》）として祀ってきた歴史があります。神倉《かみくら》神社（和歌山県新宮《しんぐう》市）にある巨大石はその例です。また、神のいる神聖な場所を囲むように配置した石を「磐境《いわさか》」といいます。

古くは自然にある大きな石を「磐座」として祀っていましたが、人工的に石を組んで祀ったものも現われはじめ、それが日本庭園の石組みの起源とされます。ちょうど日本の古典いけ花が、枝を立てるのは神の依代としての聖なる樹木の伝統を受け継いでいるからであるように、日本庭園の石組みは、古来聖なる石を祀ってきた日本人の自然観によるものだといえるでしょう。

また、京都の松尾大社（京都市）は、七〇一年に大社の西側にある松尾山の磐座の神霊を勧請し、当地に社殿を建立したのが起こりと伝えられます。一六一頁の写真が、現在も松尾山に残っている磐座で、日本庭園の原型になるものです。

神倉神社（写真提供：フォト・オリジナル）

松尾山の磐座（写真：著者）

抽象的小宇宙を展開する

遥《はる》かなる海に見立てた池泉《ちせん》があり、不老不死の仙人が住む中島《なかじま》（蓬莱島）があるという、今に至る日本庭園の原型ができあがったのは、早くも飛鳥・奈良時代だといわれます。仏教思想の影響により、日本の庭には極楽浄土の世界を見立てた独自の抽象的世界が表現されるようになりました。

ただし、それは単なる中国思想の移入ではなく、日本古来の「海の彼方の常世《とこよ》の国への思慕」が見出した一つの表現に違いありません。のちの時代には、その島に反橋《そりはし》（中央が高く、弓状に曲線を描いている橋）を架《か》け、「この世」と「あの世」を行き来するイメージを日本人は庭の中につくり上げてしまうことになります。

残念ながら、飛鳥・奈良時代の日本庭園は現存していませんが、近年、発掘・復元されたものとして、平城《へいじょう》宮東院《きゅう》庭園（口絵六〜七頁）があります。州浜《すはま》（水が寄せては引く浜辺に模して、玉石《ぎょくせき》をなだらかに敷き詰めたもの）、中島、曲線で構成された池などがあり、日本庭園のルーツとされるものです。

平安時代初期には、貴族の邸宅が大規模化して寝殿造りとなり、大きな池泉をこしらえた庭が盛んに造られるようになりました。さらに平安時代後期になると、末法《まつぼう》（釈迦入滅《しゃかにゅうめつ》後、二千年後に訪れる仏法衰退の時代）思想が流行し、寝殿は阿弥陀堂に置き換えられて、浄土式庭園が作られるようになります。浄土式庭園とは、文字どおり庭園全体を極楽浄土に見立てたもので、飛鳥・奈良時代以降の神仏混淆した日本庭園の形が一つの完成に近づいたと考えられます。これも往時の姿を完全に残すものは現存しませんが、藤原道長の子、頼通《よりみち》が作った平等院《びょうどういん》庭園（京都府宇治《うじ》市、口絵六〜七頁）がその代表例といえます。

鎌倉時代になると、特に禅宗の影響を強く受けて、これまでとは異なる武家好みの日本庭園の様式が追求されていくことになりました。

臨済宗《りんざいしゅう》の禅僧、夢窓疎石《むそうそせき》の傑作の一つとされる西芳寺《さいほうじ》（通称苔寺《こけでら》、京都市）は、日本庭園史の画期《かっき》をなす「枯山水《かれさんすい》」が造られたところです（口絵八頁）。ちなみに、枯山水とは何か、わかりますか。

〔日本人学生――庭の種類だと思いますけれど、詳しくは……〕

意外と知らない学生が多いみたいですね。高校までの間に一度は日本史の授業で教わっているはずですが、あまり繰り返しは勉強してこなかったのかな。それはともかく、枯山水とは池や遣《や》り水（外から水を引き入れてつくった流れ）を用いずに、山水の風景を見立てて表現する庭園形式のことです。

西芳寺は下段と上段に分かれ、夢窓疎石は下段に池泉庭を、上段に枯山水庭園を作りました。この庭園は鯉《こい》が激流を上り龍に化すという故事にちなんだ「龍門瀑《りゅうもんばく》」の形式となっており、三段の枯滝《かれたき》が組まれています。枯山水式庭園は、禅の修行を行なうのに理想とされる深山幽谷《しんざんゆうこく》の大自然を、狭い庭に見立ててまさに再現してみせたものなのですね。西芳寺の庭園は、室町幕府三代将軍足利義満が作った金閣寺庭園、八代将軍足利義政が作った銀閣寺庭園にも大きな影響を与えています。

室町時代には、この枯山水様式が完成し、石や砂で水を表現した庭が次々に作られるようになっていきました。大徳寺大仙院《だいとくじだいせんいん》庭園（京都市、口絵八頁）はその一つです。海に見立てた砂の中にある大小の石は、亀島、鶴島、舟石《ふないし》など、それぞれ意味が込められており、わずかな敷地に抽象的な小宇宙が見事に展開されているといえるでしょう。

作庭者の見立ての妙を味わう

応仁の乱以降、長く続く乱世の時代に庭の歴史をリードしていったのは戦国大名たちです。彼らは何事も豪華《ごうか》絢爛な作風を好み、庭園も次第に派手なもの、華麗なものになっていきます。

豊臣秀吉の命令で作られた醍醐寺三宝院《さんぽういん》庭園（京都市）がその代表例です。「醍醐の花見」で有名ですね。複雑な屈曲を見せる汀線《ていせん》（池と陸地の境界線）がじつに美しく、島が生み出す別の汀線と複合し、すばらしい構成美を見せています。島々に橋が架けられていますが、ここはあくまで想像の上で渡るのです。

爽《さわ》やかな緑とせせらぎはいかにも女性的ですが、石ははちきれんばかりの力を強固な外《がい》殻《かく》で内に封じたエネルギーの固まりのようで、いたって男性的です。緑、水の流れ、石、この三者が三位一体のバランスを獲得したときに、生命力ある動く庭になるということが、三宝院庭園を見ていると、よくわかるような思いがします。

さて江戸時代初期までは、桃山時代の豪華絢爛な作風を引き継いだ庭園が作られていましたが、中期になるとその反動からか、自然風景をそのまま生かした大名庭園が全国で造られるようになりました。水戸徳川家の小石川後楽園《こいしかわこうらくえん》（東京都文京区）、加賀前田家の兼六《けんろく》園《えん》（石川県金沢市）など、観光の名所とされる大名庭園はたくさんありますね。

また、桃山時代以降の茶室と露地《ろじ》で構成される質素な庭園の様式が確立されたのも、江戸時代です。露地とは、茶の湯に用いられる茶室にいたるまでの庭の形式です。植栽《しょくさい》や手水鉢《ちょうずばち》、石灯籠《いしどうろう》、飛石《とびいし》などで演出され、茶室に赴く人の気持ちを俗世から解き放ってくれます。大徳寺孤篷庵《こほうあん》（京都市）は、庭作りの名人として同時代に最高の評価を与えられていた小堀遠州《こぼりえんしゅう》が隠居所として慶長一七年（一六一二）に造営し、寛永《かんえい》二〇年（一六四三）に現在の場所に移築したものです（寛政《かんせい》五年〈一七九三〉に失火で焼失、現存する庭は古図をもとに享和《きょうわ》元年〈一八〇一〉頃、復元されたもの）。ここの茶室「忘筌《ほうせん》」と手水鉢は著名です。

さらに京都といえば、建物のわずかなスペースを利用して造られる壺庭《つぼにわ》が多くありますが、裕福な商人の間でそれが営まれるようになったのも、江戸時代でした。

明治維新を迎えて文明開化期を迎えると、噴水や花壇のある西洋式庭園が作られるようになる一方で、従来の日本庭園も様式にとらわれず、新しい借景式庭園が作られるようになりました。元老の山県有朋《やまがたありとも》は庭好きで知られ、椿山荘《ちんざんそう》（東京都文京区）、古稀庵《こきあん》（神奈川県小田原市）、無鄰菴《むりんあん》（京都市）など、近代日本庭園の傑作といわれるものを作っています。

ところで現代はどうなのかといいますと、西洋文化の影響をかなり受けた庭園が、ビルの屋上や美術館の敷地などに作られてはいますが、斬新《ざんしん》さと引き換えに、古来日本庭園が持っていた精神性が失われ、伝統の革新がうまく行なわれていないような気がするのは残念です。あくまで私の好みによるものですが、今後の課題といえるのかもしれません。

伝統的な日本庭園は、自然との間に作庭者の見立てという見えない橋が架かっており、その見立ての妙《みょう》にこそ、生命があるといえるでしょう。日本の庭は、天然自然との間に見立てという精神の橋を架けることで出現する、「もう一つの自然」なのだといえるでしょう。

見立てというのは、身近なことでいえば、子どもたちのオママゴトや電車ゴッコ、あるいは山や川を作る砂遊びなどの心に通じているものです。まだほんとうの電車を知らない幼児でも、テレビや絵本やオモチャで仕入れた情報から、マッチ箱などを電車に見立てて遊んでいますね。それは、電車の内在的な意味構造を、幼児がきちんと感知していることを示しています。

庭でもこれは同じこと。私たちもまた、庭の景観と「もとの自然の姿」の両者に内在する共通の構造が感知されていて、その感知された世界に遊ぶことができます。

現実とも幻想ともつかぬ世界に首のところまでどっぷりと浸りながら、イメージと知の相互の行き交いを静かに楽しめるひと時。日本庭園は、どこかひと回り成熟したような気分をいつも味わわせてくれます。

第十一回　なぜ日本には武士が生まれたのか

王権が弱かった日本と強かった中国・朝鮮

中国や朝鮮半島には武人や兵士はいても、日本の武士（侍《さむらい》）のような存在はなかったというと、みなさん驚かれるかもしれません。日本の武士は大小の領主を兼ねていたわけですが、そうした武人は中国や朝鮮半島には出現しませんでした。

そもそも、中世以降の日本社会は、「武人優位」を伝統としてきました。これに対し、大陸や半島は古代以降ずっと「文人優位」の国であり続けました。武人と文人のあり方は、大陸と半島、日本とでは伝統的にまったく逆であったということがいえます。それでは日本ではなぜ武士が生まれ、大陸や半島では生まれなかったのでしょうか。そこを考えていくのが、今回のテーマです。

結論から先にいえば、日本では全国を統一支配する王朝国家の力が弱かったために早くから地方権力が育ったのに対し、大陸や半島では王朝国家の力が強くて地方権力の育つ余地がなかったことによります。

日本の王朝国家では平安時代末期から、中央の貴族や寺社が各地に所有する領地（荘園《しょうえん》）

の現地管理者であった者が、次第に力を持って武装権力となり、事実上の在地領主となっていく流れが生まれました。この在地領主が武士の起こりであり、彼らは中央から自立した地方権力として各地で武士団を形成していきました。

また、古代日本では天皇の血筋にある有力貴族を、地方を治める長官として派遣していましたが、彼らは任期を過ぎても中央へ帰らず、そのまま土着して地方権力化していきました。やがて、彼らのなかから源氏や平氏などの有力な武士団の統括者が出現していったのです。これは中央の力がそれだけ弱かった日本ならではのことで、大陸や半島ではなかったことでした。そこで、改めて大陸や半島、日本における国家の成り立ちの違いについて見ていきましょう。

古くから大陸や半島、日本を含むアジア地域では、土地は氏族《しぞく》（血縁集団）の共同所有でした。それらの氏族が経営する農耕共同体が連合して部族社会が形成され、複数の部族社会が寄り集まって部族連合体が形成されていきました。

やがて、個々の部族の利害を越えた諸部族全体の利益が求められるようになると、部族を超えた超越的な存在としての、一人の王が選ばれることになります。そして、この王を全ての土地の唯一の名目的な所有者とする国家が生まれました。この段階の王を専門的には「東洋的専制君主」と呼びますが、日本ではこれが天皇に相当します。

こうして、君主が地方に役人を派遣して徴税《ちょうぜい》し、全国の農耕共同体を一括《いっかつ》支配する、中央集権の王朝国家が形成されていったのです。

こうした王朝国家体制が日本では早くから崩れたのは、先にも述べたように中央の支配権力の弱さのためでした。その理由は一つには、日本では耕作適地は狭小《きょうしょう》なものでしたから、耕地開拓は国家の力を得ずとも民間の共同体単位で十分にでき、強力な専制権力の行使はいらなかったことです。二つには、島国のために外敵の侵入をあまり気にしなくてもよかったので、軍事力も比較的小規模なものでよかったことです。ですから日本では、政治的にも経済的にも、支配する権力の物理的な規模がとくに強大である必要はなかったのです。

一方、大陸では広大な平野部に大規模な灌漑工事を強力に推し進めていく必要性から、大量の労働力を投入して集中的に開拓していかなくてはならず、強大な国家権力が必要でした。また、大陸の農耕国家は絶えず北方の異民族と国境を接して対峙《たいじ》しており、外敵の侵入を防ぐためにも強大な軍事力が必要でした。さらに、そのために国家を強力に統治し得る儒教のようなイデオロギーを必要としたわけです。

朝鮮半島では、広大な農耕適地がないことからすれば、日本のようにとくに強大な専制権力を必要としないはずでした。しかしながら、朝鮮半島はその地勢から常に外敵の侵入に脅かされる状況にあり、また文化的にも政治的にも圧倒的な中華帝国の影響を受け続けてきたため、中国をモデルとする強大な専制権力の構成を政治の基本とし、統治イデオロギーとしての儒教をも積極的に採り入れていったのです。

実際、私は奈良の平城京や京都の平安京などのあった場所を訪れて、大変に驚きました。都を囲む強固な城壁がなく、天皇の御所の周りも低い板塀で囲まれていただけだったからです。これは外敵ばかりか、内敵をも想定していないあり方です。この点でも、大陸や半島とは大きく異なっています。

以上のような事情から、中国皇帝や朝鮮半島諸国の王は、政治権力と宗教的権威を一身に集中させた、強固な専制君主としてあり続けたのに対し、日本の天皇は、初期には政治権力をも掌握《しょうあく》していたものが、やがて政治権力は武士が握るようになり、以後はずっと宗教的な権威者としてあり続けていく、という違いが生まれました。前者は祭政一致の一元的国家、後者は祭政分担の二元的国家ということができます。

こうして、やがて天皇に代わって政治権力を握るようになった武士は、大きく源氏と平氏の武士団に分かれて激しく争い、この抗争に勝利した源氏の源頼朝が鎌倉に幕府を開いたことにより、日本の封建《ほうけん》制度が国家的制度として初めて成立することになるわけです。

個人の信頼関係で結びつく封建的主従関係

ところで、封建国家というと、ネガティブなものという印象があるかと思いますが、どんな点がよくなかったと思っていますか?

〔日本人学生A――上からものを決めて、それで全てが決まってしまうという制度で……〕

なるほどね。ただ封建制度の下での主従関係は一方的なものではありません。たとえば江戸時代でいえば、藩主は家臣が自分の領地を安心して経営できるように保護してやり、家臣はそのお返しに藩主に従って藩の繁栄に尽くすという、相互関係であったことが重要です。

この相互関係の基本にあるのは、個人と個人の信頼関係に基づく「私的主従制」といわれるものなんですね。これは、受けた恩（御恩）に対して藩や藩主のために力を尽くす（奉公《ほうこう》）という相互に責任・義務を果たし合うことを条件とする、封建制下の主従関係を意味します。

鎌倉幕府支配の根本となったのは、将軍と御家人《ごけにん》との間に結ばれた、まさにそのような御恩と奉公の関係でした。この場合の御恩とは、領地の領有を認めてあげることであり、奉公とはその見返りに軍役《ぐんえき》などを果たすことを指します。

ここで改めて注目すべきは、将軍と御家人との間にあるのは、直接的な血縁関係ではなく、あくまで個人的な信頼関係というべき結びつきだったことであり、それは儒教的な中央集権国家ではありえない、封建国家ならではのことでした。

たとえば、大陸や半島などの儒教社会では、血縁による親孝行を第一として、主君への忠誠はその次とする倫理観が伝統とされてきました。しかし、日本の武士の伝統では、何よりまず主君への忠を優先させるのです。また、主君のほうも臣下の忠を得るために、いわば人間性のようなものが問われます。信頼できない上司に部下が忠誠を誓《ちか》えないのと同じことかもしれません。

主従の絆《きずな》の根本には、そのような相互の信頼関係があり、これこそが人間関係の信義を重んずる日本人の美意識を育て、また「武士道」を生み出していったといえるでしょう。

ちなみに、こうした関係は職人さんたちの間でも同じことで、親方は弟子を保護し、弟子はその保護に報いて奉公働きをし、一人前になるという関係があります。

商業と産業技術が大きく発展した戦国時代

鎌倉幕府の成立で日本初の封建国家が誕生したといいましたが、全国の土地を幕府が一元的に管理していたのではありません。実際は、武家政権と並立して、貴族、寺社それぞれが軍事力をもち、一定の地域を支配していました。

武家、貴族、寺社などを権門《けんもん》といいますが、中世国家は権門体制国家とも呼ばれます。南北朝、室町時代を経て、戦国時代に入っていくと、はっきりと武士の勢力が他の権門を圧倒するようになっていきます。

戦国時代の日本は戦乱に明け暮れていたため、生産的な活動のほうはおろそかになっていたかというと、まったくその逆でした。戦国時代に経済は大きく発展し、各地に都市が続々と勃興《ぼっこう》していったのです。

農業生産では戦国大名たちは、領国経済の強化をめざして新規の耕地開拓を盛んに奨励し、治水灌漑事業を大きく推進しました。戦国時代から新しい田畠《でんぱた》が急増していったのはそのためです。また、農村における木綿栽培は戦国大名の政策ではじめられたもので、以後、木綿《もめん》の需要は急速に拡大していきました。

鉱工業生産も戦国時代に飛躍的に拡大しました。金銀山の積極的な開発が各地で進められました。とくに武器生産のために、砂鉄を材料とするたたらによる製鉄業が大きな発展を遂げています。それに伴って、鍛冶や鋳物《いもの》の技術が飛躍的に進歩しました。

商業も戦国時代から急速な発展を遂げています。戦国大名たちはそれぞれ特権商人を抱え、彼らに物品売買や流通の特権を与えて、軍事物資の調達に当たらせました。そのため、各地の交通拠点が城下町とともに、新たな商業都市として形成されていったのです。地域間取引による商業は、戦国時代から急速に活発化していきました。

また戦国大名たちは、私的な領主から公的な政治家としての性格を強めていき、領国支配体制の発展をめざしました。彼らの多くが分国法を作成し、それに基づいて領内を統治するようになります。また、中央から儒学者、禅僧、芸能者などを招いて住まわせ、文化・学術の面での領国の繁栄をはかっていきました。

こうして所領がしだいに藩国として整備され、武士の勢力が拡大していく中で、ついに権門体制を打倒し、天下を武士によって治めていく時代を切り開いたのが織田信長でした。

『歴史街道』などの歴史雑誌では戦国時代を特集するとよく売れるそうですが、私が何人かの学生に聞いてみたところ、信長はたいへん人気がある戦国大名のようですね。よくご存じのとおり、信長は鉄砲という近代的装備をもつ軍事専門集団を形成し、他を圧倒する機動力でいち早く天下統一に乗り出した人でした。

織田信長の天下統一事業の一つの特徴は、農村だけでなく、商業都市を支配領域に組み込み、そこからあがる富を力の源泉としていたことです。信長が楽市・楽座（楽とは極楽のこと、自由商業を意味する）の制度で、商人たちを守ってやる代わりに、商業都市に武士の拠点《きょてん》を置いて、城下町を形成したのはよく知られています。

もともと日本の商業都市は、神が降りてくる神聖な場であった「市《いち》（市場）」から発展してきたものでした。「市に虹《にじ》が立つ」という言葉がありますが、虹は神と人をつなぐ架け橋ですね。市というのは、あの世からの富がこの世にもたらされるという信仰に重ねてイメージされる、人々が物を交換し合う出会いの場でありました。日本の商人たちが、「武士道」ならぬ「商人道」をもって商売に励んだのは、神様のいる場所では決して悪いことはできないという、市以来の伝統的な意識が元になっていたのでしょう。

市から発展した商業都市の中には、堺のように商人が自ら武力をもって自治経営するところも出てきました。信長はそれらを自己の支配領域に組み込んでいったわけです。

ひるがえって、大陸や半島の王朝国家では、儒教イデオロギーのもと、商人が自由に利《り》潤《じゅん》を追求すれば社会秩序が乱れるとして、その活動は制限されてきました。儒教社会における商人の立場を表わすのが「士農工商」という言葉です。儒教国家の場合、この士は武士ではなく官吏を意味しますが、いずれにしても商人がもっとも低く扱われていたわけです。日本でも江戸時代の身分制度を表わすものとして、この「士農工商」という表現が使われる場合がありますが、大陸や半島のように職人や商人が差別されてきたかといえばそんなことはなく、実態を正確に表わしているとは思えません。江戸時代に確立されていた身分は、正しくは「侍（武士）、町人（都市居住庶民）、百姓（農・漁村居住庶民）」の三つでした。

日本人の「藩意識」

信長が築いた近世封建制度の基礎を豊臣秀吉が、さらには徳川家康が継《つ》ぎ、日本は江戸時代を迎えます。江戸時代の最大の政治目標は、中世以来、国の秩序が定まらず、延々と戦乱と混乱の時代が続いたことに対し、どうすれば戦わなくて共存共栄をはかっていけるか、にありました。家康は、信長と秀吉が確立した武家連合国家の平和で持続的な発展への道を開いたといえます。幕府は各藩連合を調整・統括する役割を担《にな》い、日本は各藩を主体とする地方分権国家になりました。

戦争を起こさせない施策の一つとして、幕府は各藩に参勤交代を義務づけ、また道路や橋などのインフラ整備を行なわせることによって、定期的に大きな経済出費をさせ、地方で軍事力が強化できない方策をとりました。この施策は結果的に、全国の交通や商業を大きく発達させていきました。

各藩も藩内の産業育成に努め、地域の商工業の振興に尽くします。藩政治の発展は、家臣たちの挙国一致によって進められた傾向の強いのが特徴であり、各藩は一個の完結した「自治共同体」になっていくのです。

そこで、こんな質問をしてみましょう。あなたのオクニはどちらですか。

〔日本人学生B——福島です〕

日本人にオクニはどちらですかと質問すると、出身地を答える人が多いですよね。韓国人や中国人の場合、そうした発想は薄いように感じます。それだけ日本人は郷土意識が強いわけですが、それは二百七十年にわたって続いた江戸時代によって醸成《じょうせい》された「藩意識」が根底にあるからではないでしょうか。

資本制社会を準備した封建制社会

さて、古代末期から中世にかけての時代には、経済活動はいまだ全国民のものとはなっておらず、特別な職業資格をもつ職業者たちが担っていました。農民は生産者であり、武士はある意味での生産管理者であったに過ぎず、経済活動は主として農民と武士以外の職業者たちが行なったのです。

こうした経済活動が、全国民のものとなるのが近世《きんせい》つまり江戸時代です。武士も農民も経済活動を積極的に展開するようになったのです。そこでは、藩が一個の企業体としても存在していたといってよいでしょう。

江戸時代の幕府が置かれた首都は江戸、今の東京ですね。江戸は享保六年（一七二一）に、町人五〇万人、武士五〇万人が居住する人口一〇〇万都市となっています。同時期のロンドンが七〇万、パリが五〇万でしたから、江戸は当時世界一の大都市でした。

初期の江戸の商業は、畿内や東海地方の送り荷を引き受け、それを売りさばいて口銭《こうせん》などをとる、受け身商売の荷受問屋《にうけどいや》がその中心となっていました。それが元禄《げんろく》年間（一六八八―一七〇四）になると、積極的に商品を仕入れる問屋が登場するようになり、江戸の商工業は急速に発展していき、やがて関東、東北地方をも市場圏《けん》とするようになっていきました。さらに江戸の問屋商人たちは、みずから仕入れた商品の海上輸送に大きな力を入れるようになり、やがて廻船を支配下に置く問屋組織を結成するなどして、大きく発展を遂げていきました。

そのように、江戸時代に入ってからの経済活動は、それまでの小グループが各個に展開してきた小規模なものから、現在にまでつながるような大規模でより生産性のあがる形態へと大きく変化していきました。そこで日本人は、企業組織のあり方、命令系統のあり方、人材登用のあり方など、それまで体験していなかったさまざまな問題にぶつかり、考え、実行していくことになります。そうした体験を通して、日本独自の資本主義の倫理というべき商人道も確立していったのです。

そうした努力の結果、日本の商工業は元禄期に大きく花を咲かせ、そこで新しく生じたさまざまな経済問題を乗り越えながら、より安定した発展を続けていきました。そして江戸時代末期になると、飛躍的な経済発展の一方での国家（藩も幕府も含めて）財政の危機という状況を迎えることになります。

このときには、どこの藩も一丸となって経済活動に邁進《まいしん》努力していきました。新たな産業を興し、できるだけ付加価値の高い商品を生産し、それを外国に輸出するなどして利益を得るといったことを、各藩が強力に推進していったのです。

こうした努力が、明治維新以降の近代日本資本主義に大きな発展をもたらす動因となったのです。いわゆる「日本的経営」の型も、このときにほぼ確立したといってよいでしょう。とくに、国家財政の危機にあたって、各藩が新規の事業に積極的に挑戦していったことは、日本資本主義のその後の進展に大きな力を与えることになったのです。

こうしてみれば、なぜアジアの中で日本がいち早く近代化を遂げ、資本主義制度を取り入れて経済大国となったかがよくわかると思います。封建制度の一つの要素である地方分権主義は、江戸時代を通じて社会にさまざまな多様性を生み、日本は同じく近代以前に封建国家であったヨーロッパの一部の国々と同じ資本主義国家への道を歩むことになります。

一方、封建国家を経験しなかった大陸では、中国や北朝鮮が太平洋戦争後に東洋的専制国家と同じように、人民を政治に関知させず、共産主義政党が政権を独占する社会主義国家を成立させました。そこにはやはり、歴史的な経緯が大きくかかわっているでしょう。

　このように、日本になぜ武士が生まれ、封建国家になったのかを考えることは、現代の日本のあり方にそのままつながってくる問題といえます。その意味で、武士は今の日本人に大きな影響を与え続けているといってもよいでしょう。

最終回　天皇はいかにして日本社会に平等をもたらしたのか

武士も天皇を尊重していた

月日が経つのは早いもので、みなさんとお会いしてから一年が経とうとしています。この講義も今回が最後になります。今回は、前回の講義「なぜ日本には武士が生まれたのか」の議論を踏まえながら、天皇が日本社会に与えた影響について、考えていきましょう。

日本人にとって天皇の存在がいかに大きいかは、皇位継承問題をめぐり、男の子が生まれるか、生まれないかで、大きな問題となったことでもうかがえますね。しかし、なぜ日本人はそこまで天皇に関心を抱くのでしょうか。

〔中国人留学生A――日本の天皇は、神様のような存在だからでしょう〕

よく答えてくれましたね。でも、そうした天皇の存在は外国人留学生から見て、不思議には思えませんか。別の留学生に聞いてみましょうか。

〔中国人留学生B――日本の天皇は権力を持っていなくて、宗教的な存在です。国の象徴として存在していると思います〕

ありがとう。まさにあなたのいうとおり、中国の皇帝や朝鮮半島など諸国の王が、政治権力と宗教的権威を一身に集中させた強固な政治権力としてあり続けたのに対し、日本の場合、とりわけ中世の鎌倉幕府の誕生による封建社会の成立以降は、政治権力の実権は武士によって握られ、天皇は宗教的な権威を担うだけの存在となっていきました。しかし同時に、武士の政治権力も、天皇の権威なくしては成立し得ませんでした。武家政権の棟《とう》梁《りょう》である征夷大将軍が、天皇から統治権を預かる形で任命されていたことからも、それがわかりますね。

そもそも、日本では武士はずっと天皇という地位を尊重し、これを倒そうという者は、現われませんでした。たとえば、織田信長や豊臣秀吉は強大な武力でもってそれまでの室町将軍の権威に拠らない政治を行なおうとしましたが、それでも天皇を追放して自分がとって代わることはせず、逆に朝廷や公家《くげ》を保護しています。一方、中国や朝鮮半島の場合は、歴史上、何度も王朝が交代しています。私はその違いに天皇の特徴が、よく表われていると思います。

中国や朝鮮半島で皇帝や王が殺されるか、追放されるか、禅譲《ぜんじょう》（王位を譲ること）するかして、王朝が交代してきたのは、天帝（天上の最高神）はその王朝が徳を失えば、他に徳のある者を立て、その人物に新たな天命を与えて地上世界の統治を任せるという考え方が背景にあったからです。この政権交代を統治者の姓が易《か》わるという意味から「易姓革命《えきせいかくめい》」といいます。

中国の皇帝や朝鮮半島諸国の王は天子（天帝の跡取り息子）とも呼ばれましたが、彼らは日本の天皇のように神の子孫とされているのではなく、あくまでも天帝から地上を統治する「資格」を与えられた、人間の頂点に位置する存在とされていたのですね。ちなみに、こうした古い考え方と、北朝鮮の現在の「金王朝」は決して無縁ではありません。実際、金正日《キムジョンイル》は自分がいかに徳のある人物と内外に思われているか、国民に知らしめる環境をつくり出すとともに、自分にとって代わる人物や勢力が現われて「易姓革命」を起こされないように、絶えず強大な軍事力を握って備えているのです。

日本の天皇の場合は、天の神の直系の子孫とされており、また大陸のように征服王朝に支配されることもなかったため、古代から延々と天皇制が続いてきたわけです。ここで問題を出してみましょう。天皇の先祖は何という神様（皇祖神）でしたか。これに答えられないと、一年間、私の講義を受けてきた意味がありませんよ（笑）。

〔日本人学生A――天照大神です〕

そうでしたね。そしてその天照大神を祀っているのが伊勢の神宮でした。しっかり、頭に入れておいてくださいね。

「工」と「商」は天皇の領域であった

鎌倉幕府の成立で封建社会の幕が開いたわけですが、武士の支配が及んだのは農耕民までであり、それ以外の海の民、山の民に属する人々をはじめとする非農耕民には及ばなかったという点が重要です。そもそも、非農耕民とは何かといいますと、文字どおり農耕以外の仕事に従事する人のことで、刀鍛冶、やきものなどの技術者、芸能人、手工業者、行商人、宗教者、馬の世話をする人、革製品を扱う人、医師、絵師、神職、陰陽師《おんみようじ》、相撲《すもう》取りなどが挙げられます。

古代から非農耕民と天皇との結びつきが強かったのは、制度的には非農耕民が宮廷に直接奉仕する職業民として古代律令国家に組織されていたからです。しかしこれにはさらに宗教的な性格があって、皇祖神の天照大神は太陽神として、稲作農耕の神だけでなく、海や山を含めた自然の神々の中心的な存在であったからだと考えられます。稲作農耕にとっての太陽は、稲の発達に大きな役割を果たすエネルギーとしての太陽です。それに対して、古くからの海や山での狩猟採集生活者にとっての太陽は、あまねく自然とともに、太陽そのものが信仰の対象です。天皇は天照大神の子孫として、農村だけでなく、海や山を含めた自然そのものの統治者として君臨していたわけです。

古代律令国家体制が崩れていく古代末期以降、主として宮廷奉仕団としてあった職業民たちは、神社仏閣や天皇家・院・摂関家《せっかんけ》の荘園などの配下に入り、神人《じにん》・寄人《よりうど》・供御人《くごにん》と呼ばれる特別な職業者となっていきます。

中世前期までこうした隷属《れいぞく》形態が続きますが、武家支配の拡大によってしだいに崩れていきます。そうなってくると、彼らの職業特権が曖昧な状態となってしまいます。そこで職業民たちは、自らの職業特権を天皇の権威によって保証してもらう形をとるようになったのです。それぞれ特定の公家を証明者として保証書を授与され、その公家に役金を上納するという形です。これを受領《ずりょう》慣行といいます。

受領慣行は江戸時代にも行なわれましたが、行なわれなくなったものについても、江戸幕府はそれをしかるべき伝承によって認める形をとっていました。

たとえば、金属を精錬《せいれん》する技術職業民としてあった鋳物師は、近衛《このえ》天皇からその職業を行使する特権を与えられたとする伝承を伝えており、彼らには真継《まつぎ》家という公家が許可状を与えていました。また木地師《きじし》は惟喬親王《これたかしんのう》、京都の桂女《かつらめ》と呼ばれた巫女《みこ》は神功皇后《じんぐうこうごう》、皮《ひ》革《かく》業などに携わった各地の被差別部落は醍醐天皇といった具合に、それぞれ由緒《ゆいしょ》書きや巻物を持ち伝えていました。

江戸幕府はそうした伝承を追認する形で各種職業民の生業を保証し、それに伴う特権を認めていたのです。

非農耕民の中には、行商人や手工業者、芸能人のように、村から村へ渡り歩くことで生計を成り立たせている者たちもいました。そういう人たちも、天皇の権威のもとに許された職業者だということで、諸国を自由に往来できたのですね。武士のほうも、農耕地以外の海や山は依然《いぜん》として天皇の領域であると認め、非農耕民の活動にはほとんど関与しませんでした。

やがて、そうした行商人や専門技術者たちを中心に、主に神社やお寺の敷地内などに、市を形成していくようになります。そうした「聖なる地」は一種の治外法権とされ、世俗の権力の及ばない地とされました。

市に常設店舗が増加したのは鎌倉時代以降とされますが、戦国時代には大寺社だけでなく、中小寺院の門前町も繁栄し、市は全国的な広がりを見せていきました。伊勢の神宮の宇治山田《うじやまだ》、信濃善光寺《しなのぜんこうじ》の長野など、日本には有名な門前町がたくさんありますよね。また、東京に住んでいる方に馴染み深いのは、浅草寺《せんそうじ》の仲見世通りでしょう。

浅草寺が初めて文献に現われるのは鎌倉時代の『吾妻鏡《あずまかがみ》』だそうですが、以来多くの参拝客を集め、江戸時代には仲見世《なかみせ》（門前町）が発展し、境内《けいだい》に芝居小屋ができるなどして大道芸人が集まり、庶民にとっての大歓楽街となっていきます。

天皇の権威によって職業を保証される免許証をもらっていた非農耕民の移動が活発になったことによって、戦国時代にはこれら門前町以外にも、港町や宿場町が繁栄していきました。やがて、ここから都市に居住し、商業、工業を生業とする町人（都市）身分が生まれていくことになります。

そして、ここからが重要な点ですが、一般に日本人には、モノづくりは得意だけれど、中国人やインド人に比べると、商売はあまり上手でないというイメージがありますね。しかし、その歴史を見れば、日本はモノづくりの国であっただけでなく、伝統的に商業の国でもあったということがいえるのではないでしょうか。

反対に、中国や朝鮮半島の王朝国家では「士農工商」という言葉が示すとおり、士（官吏）以下、農を第一とし、工、商の職業につく人に対する蔑視観が強くありました。たとえば、李朝がその末期に国家的な疲弊《ひへい》に陥った主な原因の一つは、国民の自由な経済活動、生産活動、社会活動を極端に制限し続けたことでした。

しかし、日本の場合、俗にいう「士農工商」は制度的な身分というよりも、社会生活を営む人びとを総じていう場合に使われた慣用句のようなものにすぎませんでした。前にも述べたように、江戸時代の制度としてあったのは「士農工商」ではなく、侍、町人、百姓の三つの身分でした。しかもそれは、町人と百姓のどちらが上とか、下とはいえない曖昧な身分制度でした。身分というより役割という色彩の強いものといってもいいかと思います。

近年の近世研究では、百姓と町人の区別は、江戸時代の身分制度では農村生活者と都市生活者という居住による区別以外のものではなかったということです。各種の職人たちも、農村近辺に居住していれば百姓身分であり、漁民も山民も百姓身分でした。ようするに百姓と町人は、その実質は農林水産業領域の生活者と商工業領域の生活者にほかならなかったのです。

都市の町人身分の者たちも戦国時代末期から江戸時代にかけて、次第に武士の支配下に組み込まれていきましたが、彼らは中国や朝鮮半島の「工商」身分に比べれば、歴史的にはるかに自由な存在であったことは間違いありません。それは、もともと彼らの職業が天皇の権威によって保証されたものだった歴史があるからなのです。そうした意味では、天皇は長らく日本に資本主義のベースを作る役割を果たしてきたともいえるでしょう。

今なお韓国では、「工」と「商」の職業に対する蔑視観が残っていることを考えれば、日本の町人身分が天皇の権威をもとに、自由な活動を保証されてきたことは、現在日本が「経済大国」「技術大国」であることの、大きな理由の一つであると私は考えます。

「国民総受け身」のシステム

天皇の権威は、江戸時代にはほとんど失われていたという見方は明らかな間違いです。江戸期にも天皇は茶道や俳諧《はいかい》などの伝統文化の継承者として、また、元号の制定や将軍、大名の官位の任命者として、その権威は持続していたのです。だからこそ、明治維新の際、欧米列強の脅威《きょうい》によってナショナリズム（民族主義）に目覚めた日本人が、天皇を中心に一つにまとまることができたのだといえるでしょう。

そこで、改めてなぜ古代から延々と天皇は宗教的権威を保つことができたのかを考えてみましょう。そこには、豊かな自然に恵まれ、そこで育ってきた日本人ならではの、自然に対する「受け身志向」が強く働いているはずなのです。

天皇は、農耕司祭としての農耕王であると同時に自然の山海林野を管掌《かんしょう》する自然王でもあるという、他国には例をみない特異な王でした。そのように、古くからの自然信仰と天皇の権威が結びついていたことが重要です。もし「天皇制」という言葉を使うなら、それは自然としっかり結びついた宗教権威に対する、「国民総受け身」のシステムといえるかもしれません。その意味で、天皇について考えることは、日本文化そのものを考えることにつながると思います。

また、そうした「天皇制」のあり方は、戦後、日本が世界にも稀に豊かで、なお分配の平等な社会を築き上げてきたことと、決して無関係ではないでしょう。東洋では古く「一君万民の世」を理想としましたが、これは日本では唯一の神聖なる世襲《せしゅう》君主である天皇のもとに、全てが平等である世の中という理念になります。

社会的平等を達成するような理念と政策は、社会主義国で達成されるとも考えられましたが、ソ連や中国ではいっこうに実現せず、新興資本主義国の日本でより多くが実現されました。それは、長い間「天皇制」のもとで育《はぐく》まれてきた伝統的な平等思想が、西欧の民主主義や社会主義の考えをも取り入れ、さらに突き詰められていった結果であるように思えます。

最後に、この講義を締めくくるにあたり、みなさんに言っておきたいことがあります。日本には世界に誇るものは何もないと考えるなら、それはよほど日本を知らない日本人（あるいはアジア人、西洋人）だということです。

戦後世界一貧富の格差の小さい平等な社会を実現した経済、外国にはもちろん国民にいっさい銃口《じゅうこう》を向けることのない軍隊、伝統的な職人技から世界最先端のテクノロジーを抱える技術の宝庫、世界で最も治安のよい安全な社会……。日本には自信を持って世界に誇れ、世界に伝えて貢献できるものが、たくさんあります。

自慢するのと、自信を持つというのでは、全然違います。日本人の美意識に従えば、自慢するのはみっともないことだけれど、自信を持つことは大いにやってもらいたいなと、思うわけです。

第一回目の講義「日本文化の基礎」を思い出してください。海、居住地、傾斜地の棚田、山林が一つの視野に入ってくるような写真を示し、それが日本の原風景であると示しました。そのように、日本では山の神様も海の神様も農業の神様も、ご近所みたいなものですから、それぞれの民の考え方が融合して文化がつくられてきました。みなさんには、そのように対立よりもどこまでも調和をめざす日本人の美的感受性、日本文化のあり方を世界に伝え広げていってもらいたいと思います。

この一年間、私の講義を聞いてもらって、本当に感謝しています。この講義を通してみなさんの感想を聞くことで、私自身もたいへん勉強になりました。ありがとうございました。

特別書き下ろし講義

世界的な課題としての「日本風」

「日本風に恋する」世界的なブーム

静かな日本ブームが世界的な広がりを見せている。八〇年代の日本ブームは、「ジャパン・アズ・ナンバーワン」の大波が、一気に海外に押し寄せたという印象が強かった。それに対して今の日本ブームは、「日本風に恋する」層が着実に拡大していることによってもたらされている。

「――に恋する」とは文字通り、「あちら側に自分の心が惹かれて仕方がない」ことを意味している。私の思うところでは、いまの日本ブームはそうした精神的な特質をもっている。

とくにパリ、ミラノ、ベルリン、ロンドン、モスクワ、ニューヨーク、バンコク、台北、香港、上海といった世界の主要都市で、日本風の人気は年々高まる一方のようである。日本の健康的でスパイシーな食、イメージ豊かな娯楽文化、繊細で美麗な伝統文化、アイデアに満ちた日本製日用品、日本式もてなしの接客サービスなどは、すでに目先の興味や物珍しさを超えて、日々の暮らしの中でより熱く、より深く世界の人々に愛されはじめている。

世界に幅広い読者をもつイギリスのデザイン雑誌『ウォールペーパー』の記者、フィナ・ウィルソンは、「世界の読者はいま日本で何が起きているか――ファッションでも建築でも、家具のデザインでも――を知りたがっている」という。「日本の隅から隅まで『美の探訪』に出かけ」て、すっかり日本風に恋するようになった彼女が、次のように述べているところに私は強い共感を覚える。

「日本のデザインには新鮮な驚きがある。他のどの国とも違う美意識に満ち、斬新なアイデアと細部に対する繊細な目配りが見事に調和している。……伝統的な技巧からモダンな表現まで、日本には創造的な才能があふれている」（注1）

ウィルソンのいうように、日本の文化デザインには新鮮な驚きがある。どの国とも違う美意識に満ちており、創造的な才能にあふれている。そして、斬新なアイデアと細部への繊細な目配りの見事な調和があり、伝統的な技巧とモダンな表現の絶妙な調和がある。世界の日本のイメージは「モノづくり大国日本」から「文化づくり大国日本」へと、大きく変化を遂げている。

これまでにも日本ブームはたびたびあったが、そのたびに「一時的なトレンド」と見る向きが少なくなかったかもしれない。しかし事実はそうではなく、日本風は近代以降現在に至るまで、「どの国とも違う美意識」に触れた人々の新鮮な驚きを通して、諸国民の間に静かな拡大と浸透を続けてきたはずなのである。そのはじまりは、やはり幕末から明治にかけての頃だったろう。

いまから百年と少し前、ウィルソン同様、日本風に熱烈なる恋をした西洋女性の一人に、前述したアメリカの紀行作家エリザ・R・シドモアがいた。シドモアはワシントンに日本の桜を植樹したことでも知られるが、後に自国アメリカの日本人移民制限政策に反対してスイスに亡命し、生涯母国へ帰ることがなかった。

シドモアは、「日本の心」に深く魅せられながら書き綴った『シドモア日本紀行』の最後のところで、次のように述べている。

「日本人は今世紀最大の謎《なぞ》であり、最も不可解で最も矛盾に満ちた民族です。日本人の外見と環境は、一瞬、気取り屋の国民に思えるほど絵のように美しく、芝居じみ、かつ芸術的です。……西洋人は、極めて優れた黄色人種の分派・日本民族の深い神秘性、天性の賢明さ、哲学、芸術、思想など名状しがたい知的洗練さの前には、まるで赤ちゃん同然です」

シドモアはさらに、日本の芸術は「すでに西側世界には革命を誘発して」いると述べている。すなわち「日本人の理念と表現からの素早い盗用は、ルネサンス（文芸復興）と同じような鮮明さで西洋に一紀元を画し」、「すでに［日本は］地球の美術工房となっている」というのである。

シドモアが語ったように、日本文化は十九世紀末から二十世紀初頭にかけての欧米文化に、多大かつ深刻な影響を与えた。欧米に広がった装飾芸術のアールヌーボー、ゴッホなどフランスを中心とする後期印象派絵画、イギリスのガーデニング文化などが、浮世絵・山水画・田園風景・園芸などの日本文化の強い影響を受けつつ展開されたことは、世界的によく知られている通りである。

それから百年後の二十世紀末から二十一世紀初頭にかけての現在、日本ブームはかつてよりいっそう大きな、地球規模での革命を誘発しているのではないか――私はそうした感触を強く持ちながら、現在進行中の「日本風に恋する」世界的なブームに注目している。

花鳥風月、草木虫魚の自然観

現在の日本ブームには、世界的な文明の趨勢《すうせい》と、自然環境や伝統的な生活との間に発生する軋《きし》みが大きくかかわっていると思う。日本風が見事に形づくる伝統とモダンの調和が、諸国で注目されるようになっているのも、その一つの表われではないだろうか。

八〇年代の頃までは、「伝統的な昔はよかった」という伝統回帰主義的な主張と、「文明や科学が発達した今がよい」という文明進歩主義的な主張は、相容れずに対立することが多かったと思う。それが近年では、この二つの正反対の主張をぶつけ合うのではなく、両立させていこうとする傾向がかなり見られるようになってきたと思う。つまり、伝統を見直していくことと、未来への展望を開いていくことが、けっして矛盾するのではなく一致していくような思考が求められはじめている。

未来についての視野を広くするためには、今から先のことばかりに目を向けようとするのではなく、過去をできるだけ深く掘り下げていくことが肝心なのではないか。過去の掘り下げの深さが、未来の展望をもっと先までのばすことができるのではないか。そうした発想に至れば、伝統回帰主義と文明進歩主義はこれまでの対立をやめ、一体化した新しい考えを形づくっていく可能性が出現する。そんな新しい流れが、さまざまな分野で生み出されていると感じる。

たとえばエネルギーの分野でいうと、将来の自動車の動力源として期待されている水素を原料とする燃料電池の開発は、これまでの自然環境をめぐる考え方の対立を越えて、その両立へと向かおうとする意識の流れと深くかかわっていると思う。風車か原発かといった自然環境問題をめぐる主義の対立は、燃料電池のような新しい観点に立った技術開発の努力によって、しだいに消え去ろうとしているように思われる。その過渡期《かとき》に日本から登場したのがハイブリッドカーなのだろう。

東洋、日本には古くから、「地球＝自然」もまた、ある意味での意志を持っている、という考え方があった。より古くは、すべての自然物に人間と同じように魂が宿っているという考えがあり、そこからさらに、土地には土地の意志があり、川には川の意志があるという考えに立った、西洋近代のエコロジー（生態学）とは異なる、東洋的な自然環境の理念があった。

漢方や風水などがその典型である。漢方では気脈《きみやく》の流れを感受して治療が施された。風水では地脈《ちみやく》の流れを感受して住居や都市が形成された。そこには、人間の意志によって身体に働きかけているのでも、人間の意志によって自然環境に働きかけているのでもないという思想がある。自然な身体の側からの働きかけを人間が受けて、自然環境の側からの働きかけを人間が受けて、適切な治療を施し、適切な場所に生活拠点を形づくったのである。

そこでは主体は、人間の側にではなく自然の側に想定されている。これは、自然の意志を受けてはじめて適切な人間の働きが見いだせる、という世界観といってよいだろう。

東アジアでは「人倫の道」の優位を説く儒教の興隆によって、こうした世界観は社会の片隅へ追いやられていったが、これに異議を唱えたのが老荘思想に代表される道教的な哲学だった。道教的な哲学では、人間の意志を超越した自然意志のようなものが、「道」という気脈や地脈を連想させる概念をもって、盛んに論じられた。儒教でいう理念的な「人倫の道」優位主義が徹底的に批判され、実際的な「自然の道」の優位が説かれている。しかしながら、政治的国家の理念にまで上り詰めた儒教の位置は、ついに揺るがなかった。

東洋には、自然《じねん》（おのずからそうであること）という言葉はあったが、天然自然の意味をもつネイチャーに相当する言葉がなかった。日本でも自然という言葉は近代以前にはなく、自然を表わすには多くの場合、花鳥風月、草木虫魚などのいい方をした。どこかに自然という「もの＝事物」があるのではなく、個々具体的な場所としての大地や海と固有に結びついて花鳥風月、草木虫魚が生きているという「こと＝事象」がある。自然をそう感じ取っていたのが伝統的な日本人だったろう。

日本風が形づくる伝統とモダンの調和の「伝統」は、そうした花鳥風月、草木虫魚の自然観にまでとどくものといえる。そしてこの伝統的な自然観は、民間の祭礼習俗や神道的な宗教観を通して、いまなお日本人の自然観として生き続けていると思う。

そこに、日本人特有の「細部に対する繊細な目配り」の発信場所が想定できる。そこには、自然の細かな隅々《すみずみ》にまで神が宿るという、微細な領域へ分け入っていこうとする精神性、小さな存在をいつくしむ精神性がある。これが「もののあわれ、わび・さび、いき」という、「どの国とも違う美意識」を生み出してきた。

ソフトアニミズムの世界

日本の神道には、強烈なるものを排除する傾向が強い。強い匂《にお》いを嫌い、強い音を嫌い、強い色を嫌い、血を嫌い、とにかく刺激の強さを嫌う。そして、静かで清浄《せいじょう》なムードをことのほか好むのである。

しかしその内容は、アニミズム的でありシャーマニズム的である。こういうアニミズムやシャーマニズムは世界に類例がない。多くはその正反対で、強烈な刺激を好み、生贄《いけにえ》の血を流したりする儀式や、騒然たる音響や踊りのうちに神がかりをするのである。沖縄のユタや東北のイタコには、その片鱗《へんりん》がかすかにうかがえるものの、韓国のムーダン（シャーマン）などの激しさの比ではない。

なぜ、こんなにもソフトなアニミスティックな宗教性が日本では発達したのだろうか。私はこの日本に独特な宗教性を、勝手にソフトアニミズムと呼んでいる。

インドネシアのバリ島に旅行した日本人の多くが、「なにか故郷へ帰ったような気がする」とか、「かつて日本にあったものがあるような気がする」という。とすれば、かつての日本にもそうした騒がしい、一種ドロドロとしたきわめてアジア土着的なアニミズムの世界が展開されていたのだろうか。

おそらくそうだったに違いないと思う。しかし、他のアジア地域では、そうした世界はソフトな自己変革を遂げていく方向ではなく、そのままで消え去っていく方向、周辺へと追いやられていく方向を辿ってきた。それが日本では、ソフトになっていく方向で、信仰とも非信仰ともいいがたい形をとりながら、近世から近代へ、現代へと、一般人の間から文化の中央部に至るまで残っていったのはなぜなのだろうか。

静けさと清浄感が神道の特徴である。神の前で大きな声を出すことは慎《つつし》みがなく、俗世間にまみれた心や身体で神の前に立つことも慎みがないとされる。神と出会う祭りの前には、そうした慎みをもって身を整えることが大切とされる。この精神性は、日本風の一つといえる、凜とした清冽《せいれつ》な美、すっきりとむだのない清々《すがすが》しい美の表現と深くかかわっているだろう。

この慎みという態度・姿勢が、刺激の強さを排除するのだろうか。いざお祭りの開始となれば、みんなで騒ぐことになっても、その前の静かで清らかなる慎みの儀式に神祀りの本体があるのだといわれる。

キリスト教でもイスラム教でも、神に向かう態度、仏教でも仏さまに向かう態度、儒教でも祖先に向かう態度には、もちろんふざけたところがあってはならない。真剣なものでなくてはならないから、そうした態度を示すためのそれなりの儀礼がある。ところが日本の神道は、神と出会う前に、日常的な行為や態度を慎むのである。そして、神と出会ったならば、飲めや歌えやのお祭りとなって騒ぐのである。やはり、どこか違うのである。

神道では、神との出会いを待つところに重点がおかれている。そのために慎むことが大切だとされるのならば、それは単に神の前では敬虔《けいけん》であれという意味だけではなく、慎むことそのものに何らかの意味があることになるのではないか。

これは、別の観点から見れば、誕生よりは誕生以前、出現よりは出現以前により重きをおく価値観ではないかと思う。また別な言葉でいえば、慎みなくして誕生はなく、慎みなくして出現はない、ということになるだろうか。

私は、静けさと清らかさから何事かが生成するというイメージをそこに感じる。無から有が生まれるのであり、なにか意図的な作為《さくい》によって物事が生まれるのではない。自然に生成するのである。だから、意図的な作為をできうる限り排除する。そこから、強い刺激を嫌う感性が出てくるのかもしれない。

アニミズムの世界では、たとえば人形を作れば、それは人の魂を乗り移らせる呪術《じゅじゅつ》行為となる。子どもたちはそうした一種のアニミズムの世界にあり、私の体験からいっても、お人形さんゴッコやオママゴトは、そうした呪術的な行為に似て、きわめてアニマ的・生命的な実感をもって行なわれている。日本発の劇画やアニメの創造的な故郷もここにある。

アニミスティックな感覚があまり強ければ、いつまでたってもアニミズムの世界から抜け出ることはできない。しかし、その世界を完全否定するのではなく、ソフトに和《やわ》らげた感覚で生かしながら文化をつくっていこうとするのがソフトアニミズムである。

私はかつての日本発「たまごっち」というサイバー・ペット（電子空間上の愛玩生物）

の世界的な流行について、これは日本的なソフトアニミズムの成果であり、その世界的な普及はソフトアニミズムが普遍性《ふへんせい》をもっていることの現われだと述べたことがある（注2）。劇画やアニメはさらにはっきりと、子どもたちの柔らかなアニミスティックな世界から立ち起こった芸術表現だといえるだろう。

日本の伝統いけばなが、完全な造形美術となることがないのも、神が降臨する樹木、あるいは魂が宿る植物という、アニミズム特有の、自然な生命への聖なる感性が無意識の中で生き続けているからに違いない。庭もまた神が降臨する斎庭《ゆにわ》であった。

いけばな、サイバー・ペット、劇画やアニメなどの世界的な人気は、そうした自然な生命（アニマ）への聖なる感性が、やはり人類すべてに内在し続けていることを物語るものといえるのではないだろうか。現代世界にあって、日本的なソフトアニミズムの感性が多くの人々に迎え入れられていることはたしかだと思える。

日本的な自己のあり方

シドモアは、日本人の民族性は「普遍化することも要約することも不可能」だといいながら、その「謎と不可解と矛盾」を次のように表現している。

「日本人は［西洋人とは］全く類似点のないほど正反対の性格を持ち、かつ矛盾に満ち、ほかのどのアジア民族とも全く類似点がありません。日本人は最高の感受性、芸術性、人間的機知に富み、同時に最高に無感覚で因襲的で無神経です。また最高に論理的で博識で良心的で、同時に最高に不合理で皮相的で冷淡です。そして極めて堂々とし、厳粛で寡黙《かもく》で、同時に最も滑稽《こっけい》で気まぐれで多弁です」（前掲書）

それから約半世紀経って、アメリカの文化人類学者ルース・ベネディクトは、シドモアの「謎と不可解と矛盾」の糸のからまりを、かなりな程度ほぐして普遍化・要約してみせた。彼女は『菊と刀』（一九四六年）の中で、日本人には西洋人のような行為の絶対基準がなく、行為の基準は自分のおかれた状況に応じて使い分けられ、また状況の変化に応じて絶えず変えていくものとしてあると指摘している。そのため、同じ人物の行為が一貫せず矛盾しているように見えることになるが、それは実際的な個々の状況に対応する行為の基準が柔軟に設定されているためであり、けっして行為の基準を持たないためではない、という理解を示している。

日本に来たこともない者の研究とはとても思えないほど見事な理解で、欧米を観測点としたものとしては申し分のないものと思える。ただ、そこに関与する意志のあり方を「恥の文化」論から導き出していることには異論をもたざるを得ない。

ベネディクトによれば、日本のような「恥の文化」では、行為の善し悪《よしあ》しは、それが外側の世間から是認されたり、制裁を受けたりすることによって決まるが、西洋のような「罪の文化」では、行為の善し悪しは、内面の心に宿る罪の自覚によって決まる。そこで西洋の社会では、倫理の絶対基準を説いて人々の罪の自覚に訴えていくことで良心が啓発《けいはつ》され、日本の社会では、そんなことをしたら世間の笑い者になるという状況的な外圧に基づいて善行が導き出される、という理解になる。

しかしながら、日本人の論者によって以前から指摘されているように、罪の意識こそ外側からの罰という強制力によって生み出されるものであり、恥の意識とは内面で我が身を恥じる倫理意識なのだと、まったく正反対にいうことも可能である。恥の意識を、東洋的な道徳や礼儀によって養われる内面的な倫理意識と見れば、そのようにいうことができるだろう。

ベネディクトがいうように、西洋人には行為の絶対基準があるのだが、韓国人や中国人にもそれはあるといえる。私にしても日本に来た当初は、自分は揺るぎのない行為の基準を持っているように思え、それに対して日本人はなんて優柔不断《ゆうじゅうふだん》で考えの一貫しない人たちなのかと感じていた。そういうことからも、日本人に行為の基準があるとすれば、きわめて相対的なものとしてあるというのはわからないことではない。

でも、ベネディクトのような「日本人は個々の状況に応じた行為の基準を柔軟に設定している」という理解の限りでは、日本人は状況主義者だ、風見鶏《かざみどり》だという俗説と大きな違いはない。私の考えでは、日本人は何かの基準を設定しながら行為しているのではなく、「行為を通じてそのつど自己やシステム（秩序）を生み出している」のである。先のウィルソンがいった「日本には創造的な才能があふれている」との言葉は、まさしくそのようにして思いも寄らぬ物事が次々に生み出されていく驚きをいったものだと思う。

たとえば、伝統とモダンの調和商品ともいえる、ペタンと体に貼る使い捨てカイロなどは、いったいどうやったら考えつくものなのか、外国人にはとうてい想像もつかないのである。その創造の秘密は、日本人に特有な自己のあり方にある。

日本的な自己は、西洋的なアイデンティティという自己決定的な自己ではなく、ベネディクトがいうような共同社会の外圧に従ってそのつど決定される自己でもない。環境の変化に応じて自己を限定する、つまり変化した環境で生き抜くのに最も相応しい自己になりきろうとする。そのように、具体的な場所や状況を実際的に生き抜いていこうとするからこそ、フッと使い捨てカイロのようなアイデアが湧いてくるのではないだろうか。

少なくともそういう限定する自己のあり方が理想とされていて、そういう自己を目指そうとするのが日本人である。それが、「人さまに迷惑をかけてはいけませんよ」とか「誰とも仲良くやっていけるようになりなさい」という、子どもに対するしつけにも表われてくるのだと思う。

ようするに、燃え盛る火に応じてはそれと向き合うにふさわしい自己となり、静かな清流に応じてはそれと向き合うにふさわしい自己となる。そんなふうに、環境の変化に応じてすぐれて生きられる自己を、そのつどつくっていこうとする動きが、日本人には習い性になっていると感じる。西洋的な自己のように、相手が火だろうと水だろうとけっして変わらぬ自己（自己同一性＝アイデンティティ）、という自己のあり方ではない。きわめて生命的な自己というべきものだ。

自然に発する大きな流れを敏感に感じとって自己変化を遂げていくところが、状況主義とは根本的に違っている。これは、日本的なシステム（秩序）のあり方についても、そのままいえることではないかと思う。

環境の変化に自動的に応じる日本型システム

システムにとっての最大のテーマは、環境の変化にどれだけ十分に対応して、そのときどきに必要な自己変革を遂げるかということにある。変化に対応できなければ、いろいろと不都合な問題が発生してしまうからである。そのため、一般的には環境の変化をあらかじめ予測して、さまざまに対応できる要素をシステムのなかに設定する方法がとられる。アメリカの企業がその典型であり、彼らが状況の変化に対して迅速に手を打つことができるのは、一にも二にもこの設定能力の優秀さのためである。しかしながら、日本でそうしたやり方を徹底してとっている企業は少ないと思う。

たとえば、外国の企業では一般に、個々人の仕事の範囲や命令系統についてはもちろんのこと、誰が何をやるべきかがきわめて厳密に設定される。この設定がいいかげんだと、誰がやったらいいか判断に迷う中間的な仕事が発生し、誰も手をつけないまま放ったらかしになることがしばしば起きてしまう。私は数年前に東アジアと東南アジア諸国の日系企業を取材した時に、そうしたことが頻繁《ひんぱん》に起きて困るという話を、日本側の幹部社員からたびたび聞かされたものである。そして、それらの日本人社員たちが一様に言っていたことは、「日本人だったら、浮いた仕事が発生すれば、必ず誰かが自主的に処理しているものだ」であった。

環境の変化は必ず予測不可能な部分を持っている。企業のシステムは、いつどうなるかわからない環境の変化に柔軟に対応できなくてはならない。そのためには、状況の変化に応じて要素の性質や関係がおのずと決まっていくようなシステムが望ましい。私はアジアの日系企業を取材して、日本企業の多くがそうしたシステム観を持っていることを、よく知ることができたと思う。

ようするに日本人の考えるシステムでは、環境との間に適切な関係をつくり出していける能動性を持っていなければならないのである。そのためには、システム自身が変化にどう対応するかを自ら判断するメカニズムを持っていて、その時その時に必要な形に自らを変えていくことが必要になる。もちろん、システムを構成するそれぞれの要素もまたそれができなくてはならない。

このシステムがしっかり生かされているのが、正しい意味での日本型経営企業だというのが私の考えである。逆にいうと、これが生かされていないと、日本型経営はマイナス面ばかりを大きくしていくことになる。「調和」や「協力」が馴れ合いや義務的参加になってしまえば、自己革新を遂げて変化し続けていくことはできない。やがては、枠にはまり込んで硬直《こうちょく》した官僚主義に移行して自滅していくしかないのである。

比較のために単純化していえば、あらかじめ環境の変化を予測して、それに対応できる要素を設定して組み込んでおこうとするのがアメリカ方式であり、環境や状況の変化に応じた動きを自動的につくり出していこうとするのが日本方式である。

アメリカ方式の経営では、トップの予測とその設定能力が最大の決定要因であり、そこから下される命令を理解して忠実にそれを実行できる社員が求められる。それに対して日本方式の経営では、「環境や状況の変化に応じた動きを自動的につくり出していく」システムを実際的に担っている個々の社員の、自律協働的な動きが最大の決定要因となるだろう。

日本風は文化の面に限らずシステム（秩序）の分野でも、いっそうの世界的な広がりを獲得していくことは疑いない。日本ほど社会の秩序が安全に保たれている国は他にない。日本風は今や、現在から未来へかけての最も大きな世界的なテーマになろうとしている。

（注１）「伝統とモダンの調和に恋して」／『Newsweek』日本版・二〇〇六年四月五日号所収
（注２）『日本が嫌いな日本人へ』ＰＨＰ文庫参照

【本書の初出について】

月刊『歴史街道』二〇〇六年八月～二〇〇七年七月連載分に大幅な加筆・修正をほどこし、さらに書き下ろしで一章追加致しました。

PHP新書
PHP INTERFACE
http://www.php.co.jp/

呉 善花［お・そんふぁ］

1956年、韓国・済州島生まれ。韓国で女子軍隊経験を持つ。83年に来日、大東文化大学（英語学専攻）の留学生となる。その後、東京外国語大学大学院修士課程（北米地域研究）修了。評論家。現在、拓殖大学国際学部教授。
著書に、『攘夷の韓国　開国の日本』（文春文庫、第五回山本七平賞受賞）のほか、『スカートの風』（正・続・新）（三交社・角川文庫）、『日本語の心』（日本教文社）、『韓国:倫理崩壊』（三交社）、『韓流幻想』（文春文庫）、『韓国の暴走』（小学館文庫）、『「漢字廃止」で韓国に何が起きたか』（PHP研究所）、『私はいかにして「日本信徒」となったか』（PHP文庫）、『韓国人から見た北朝鮮』（PHP新書）など多数。

日本の曖昧《あいまい》力

（PHP新書592）

融合する文化が世界を動かす

二〇〇九年五月一日 第一版第一刷
二〇一六年九月二日 第一版第六刷

著者――呉 善花
発行者――小林成彦
発行所――株式会社PHP研究所
東京本部――〒135-8137 江東区豊洲5-6-52
新書出版部 ☎03-3520-9615（編集）
普及一部 ☎03-3520-9630（販売）
京都本部――〒601-8411 京都市南区西九条北ノ内町11
組版――有限会社エヴリ・シンク
装幀者――芦澤泰偉＋児崎雅淑
印刷所
製本所――図書印刷株式会社

ISBN978-4-569-70829-4

ＰＨＰ新書刊行にあたって

「繁栄を通じて平和と幸福を」(PEACE and HAPPINESS through PROSPERITY)の願いのもと、ＰＨＰ研究所が創設されて今年で五十周年を迎えます。その歩みは、日本人が先の戦争を乗り越え、並々ならぬ努力を続けて、今日の繁栄を築き上げてきた軌跡に重なります。

しかし、平和で豊かな生活を手にした現在、多くの日本人は、自分が何のために生きているのか、どのように生きていきたいのかを、見失いつつあるように思われます。そして、その間にも、日本国内や世界のみならず地球規模での大きな変化が日々生起し、解決すべき問題となって私たちのもとに押し寄せてきます。

このような時代に人生の確かな価値を見出し、生きる喜びに満ちあふれた社会を実現するために、いま何が求められているのでしょうか。それは、先達が培ってきた知恵を紡ぎ直すこと、その上で自分たち一人一人がおかれた現実と進むべき未来について丹念に考えていくこと以外にはありません。

その営みは、単なる知識に終わらない深い思索へ、そしてよく生きるための哲学への旅でもあります。弊所が創設五十周年を迎えましたのを機に、ＰＨＰ新書を創刊し、この新たな旅を読者と共に歩んでいきたいと思っています。多くの読者の共感と支援を心よりお願いいたします。

一九九六年十月

ＰＨＰ研究所

PHP新書

[地理・文化]

264 「国民の祝日」の由来がわかる小事典 所 功
269 韓国人から見た北朝鮮 呉 善花
279 明治・大正を食べ歩く 森まゆみ
332 ほんとうは日本に憧れる中国人 王 敏
360 大阪人の「うまいこと言う」技術 福井栄一
369 中国人の愛国心 王 敏
383 出身地でわかる中国人 宮崎正弘
393 聖書で読むアメリカ 石黒マリーローズ
394 うどんの秘密 藤村和夫
397 中国人、会って話せばただの人 田島英一
408 超常識のメジャーリーグ論 烏賀陽正弘／二宮清純
465・466 [決定版]京都の寺社505を歩く(上・下) 山折哲雄／槇野 修
485 心やすらぐ日本の風景 疏水百選 林 良博／疏水ネットワーク
502 コオロギと革命の中国 竹内 実
510 「懐かしの昭和」を食べ歩く 森まゆみ
523 日本全国 産業博物館めぐり 武田竜弥[編著]

[歴史]

005・006 日本を創った12人(前・後編) 堺屋太一
061 なぜ国家は衰亡するのか 中西輝政
146 地名で読む江戸の町 大石 学
234 駅名で読む江戸・東京 大石 学
254・255 地名で読む京の町(上・下) 森谷尅久
257 新選組日記 木村幸比古
286 歴史学ってなんだ? 小田中直樹
287 続 駅名で読む江戸・東京 大石 学
294 大東亜会議の真実 深田祐介
356 真田幸村 山村竜也
363 だれが中国をつくったか 岡田英弘
366 江戸日本を創った藩祖総覧 武光 誠
382 皇位継承のあり方 所 功
384 戦国大名 県別国盗り物語 八幡和郎
387 世界史のなかの満洲帝国 宮脇淳子
417 古代史の謎はどこまで解けたのか 山岸良二
434 大奥の美女は踊る 雲村俊慥
446 戦国時代の大誤解 鈴木眞哉
449 龍馬暗殺の謎 木村幸比古
452 だれが信長を殺したのか 桐野作人

460 関ヶ原 誰が大合戦を仕掛けたか　武光 誠
467 司馬史観と太平洋戦争　潮 匡人
477 京の花街「輪違屋《わちがいや》」物語　髙橋利樹
480 坂の町・江戸東京を歩く　大石 学
505 旧皇族が語る天皇の日本史　竹田恒泰
508 ラジオの戦争責任　坂本慎一
513 チャーチルが愛した日本　関 榮次
525 商売繁盛・老舗のしきたり　泉 秀樹
532 戦国武将・人気のウラ事情　鈴木眞哉
536 坂井三郎と零戦　三野正洋
539 インド細密画への招待　浅原昌明
548 戦国合戦・15のウラ物語　河合 敦
559 「型」と日本人　武光 誠
560 封建制の文明史観　今谷 明

［**文学・芸術**］

258 「芸術力」の磨きかた　林 望
343 ドラえもん学　横山泰行
368 ヴァイオリニストの音楽案内　高嶋ちさ子
391 村上春樹の隣には三島由紀夫がいつもいる。　佐藤幹夫
415 本の読み方 スロー・リーディングの実践　平野啓一郎
421 「近代日本文学」の誕生　坪内祐三
439 藤沢周平という生き方　高橋敏夫
443 世界に誇れる日本の芸術家555　三上 豊［編］
447 大衆の心に生きた昭和の画家たち　中村嘉人
461 誰も語らなかった中原中也　福島泰樹
497 すべては音楽から生まれる　茂木健一郎
519 團十郎の歌舞伎案内　市川團十郎
524 もう一度、人生がはじまる恋　齊藤貴子
524 建築家は住宅で何を考えているのか
東京大学建築デザイン研究室［編］難波和彦／千葉学／山代 悟
557 高嶋ちさ子の名曲案内　高嶋ちさ子
563 『源氏物語』と『枕草子』　小池清治
567 『源氏物語』の京都を歩く
山折哲雄［監修］／槇野 修［著］
578 心と響き合う読書案内　小川洋子
581 ファッションから名画を読む　深井晃子
588 小説の読み方　平野啓一郎